大久保利通

佐々木克 監修

講談社学術文庫

まえがき

本書は大久保利通が遭難してから三十二年経った時点で、『報知新聞』の記者松原致遠が、生前の大久保利通と親しく交遊をもった人物や大久保に仕えた下僚、それに利通の実妹、子息などに直接面会して聞き取った、大久保についての想い出やエピソード、印象などを語った談話を集めたものである。

内務省における、威厳に満ちあふれ、近づくこともはばかられるような執務中の利通が下僚によって語られ、ヨーロッパ視察中に、近代文明に圧倒されて思い沈む姿や、北京談判の困難に直面して苦闘する大久保が、随員の証言によって明らかにされる。また、帰宅した父の靴を脱がそうと引っ張る子供が、勢いあまって靴とともに後ろにころげる姿を、家族とともに笑って見守る、そうした家庭における父利通を、子息が語るのである。

インタビューに応じた話者それぞれが、大久保を懐かしんで回想する、その話は実に生き生きとして、いまそこに大久保がいるかのようである。大久保利通について述べたものに勝田孫弥の『甲東逸話』(一九二八〈昭和三〉年刊)があるが、これは諸書から集めて編纂したもので、本書からもかなり採録されている。逸話集として興味深い書であるが、談話者の個性や話し振りが伝わってくる面白さや、談話の内容の深さでは、本書には遠く及ばない。このような点でも、本書は他にかけがえのない、独特の価値をもつものであり、同時に大久保とその時代を証言する、貴重な歴史史料となっているのである。

談話筆記は『報知新聞』に一九一〇(明治四十三)年十月一日から翌年一月十一日まで掲載され、一時中断されたあと三月二十六日から再開され四月十七日に終わっている。この記事を底本に松原致遠編『大久保利通』の書名で一九一二(明治四十五)年に新潮社から発行された。ただし、この本においては、十五日分の談話が削られている。また、記者と話者との挨拶や、記者の談話者についての印象記事も削除され、新聞掲載の記事とはかなり印象が異なるものとなっている。さらに新聞連載の順番を改め、大久保の伝記を編むような形に編集の手が加えられている。

この松原編『大久保利通』はその後古書市場にも姿をみせない稀本となっていたが、一九八〇(昭和五十五)年に、利通没後百年記念事業の一つとして鹿児島県で復刻された。この際に松原本で削除された談話のうち、十一日分が補遺として追加掲載されたが、なぜか四日分が漏れてしまった。かつこの出版は限定出版の非売品として配付され、一般の方々の手には渡らなかった。二〇〇三（平成十五）年にマツノ書店から、限定本として復刻出版された『大久保利通』は、この鹿児島県で出版されたものを復刻したものである。

今回の出版にあたっては『報知新聞』掲載の記事を漏れなく拾い上げ、順番も含めてできるだけ手を加えないことを方針とした。談話者の感情が昂《たか》ぶって、思わず言葉につまる描写など、新聞でなければ味わえない趣を再現し、読者に伝えたいと思ったからである。

なお、大久保利泰氏からは、当時の新聞スクラップを拝借して参考とすることができ、その上、カバーおよび本文掲載の写真の提供を受けた。また、講談社学術文庫出版部の福田信宏さんには国立国会図書館で『報知新聞』掲載記事の確認とコピーの作成等、本書編集上において多くの力を貸していただいた。お二人のご協力に心から感謝申し上げる。

平成十六年八月十五日

佐々木　克

目次

第三部

第四部

カバーと本文写真は大久保利泰氏提供

凡例

一、本書は、『報知新聞』に、一九一〇年十月一日から翌一九一一年四月十七日の間に掲載された、大久保利通について語った諸家の回想談を底本とした。

一、本文は四部に分けた。また、目次では、内容が分かるように各記事の見出しの横に主な内容を簡潔に示した。

一、現在の読者が読みやすいように、原記事の表記を、現代かな遣い、常用漢字に改め、一部漢字をひらがなに改めるなど表記に手を加えた。また、送り仮名は常用漢字音訓表に拠って付し、句読点を適宜補った。

一、読みにくい漢字、地名、人名にはふりがなをつけた。なお、『報知新聞』の記事にもふりがながつけられており、なるべくその表記を残すようにした。

一、誤りと思われる字句は改めた。

一、人名で姓だけが書かれているものには、分かる範囲で（）に名をつけ加えた。

一、原記事では、初めの方は小見出しがつけられているが、途中から小見出しがなくなる。本書でもそれに従い、その体裁も新聞記事のままとした。

一、談話にはそれぞれ表題がつけられており、原則としてその新聞記事に従った。が、一部表題を改めたり、新たに表題をつけたりしたものもある。

一、順番は新聞に掲載された順のとおりとしたが、変更したものが若干ある。

一、本文中に、談話者の略歴を、巻末に大久保利通の年譜、索引を新たに加えた。

大久保利通

第一部

サンフランシスコ滞在中の岩倉使節団（右端が大久保）

1　大久保公の俤……前島　密

昵近諸家の実話　男爵前島密氏の懐旧談

大久保公に知られたのは遷都以後のことではあるし、知られてからも全然公務の上の交際で私交はすこぶる浅かったから、逸話というほどのものは記憶にはない。

緻密な書翰　公務上のことは極めて忠実で、世間ではよく裁決流るるが如しというけれども、実はよく人にも計り、人の言をも容れた人で、一事を裁断するにも念に念を入れる流儀であったが、ただ裁決した以上は、もう何事が起こっても気が迷うの、躊躇《ちゅうちょ》するのということはなかった。現に手紙の忠実なのでも分かる。代筆などいうことは無論やらず、極めて用意周到な苦心して書いた書面であった。故伊藤《いとう》（博文《ひろぶみ》）公も手紙はよく書いた人だが、しかし大久保公の方がずっと多く書かれたようである。

西南の役起こる　西南《せいなん》の役《えき》の起こった時、あれは十年の二月の幾日《いくか》頃であったか、朝起きるとすぐ内務省へ出てくれとの使いがあったので急いで行くと、大久保さんはなんだかフサいだ貌《かお》つきをして出て来られた。眉宇《びう》の間に重い黒い影が漂っておる、私の顔を見るとすぐ、「いよいよ西郷《さいごう》（隆盛《たかもり》）が出た、昨夕《ゆうべ》電報が来たが、案外早かったので愕《おどろ》いた」と言われた。平生沈毅《ちんき》な寡黙な喜怒の少しも色に出ぬ人であったので、「どうも顔色がお悪い、眉宇の間が黒う見えます」と言ったら、「そうだろう、昨夕は一睡もしなかった」と言って、すぐ太政官《だじょうかん》へ行かれた。太政官から帰られた時はすでに眉宇の間の黒い影も晴れて「話をしたら気分もハッキリした、何しろ今から京都の御上《おかみ》の御側へ上がらねばならぬから、後をよろしく頼む」と言って倉皇《そうこう》京都へ行かれた。聖上はその頃京都に行幸《ぎょうこう》中であった。

廟堂の人畏敬す　当時の内務省というものは極めてお粗末なもので、十幾畳ばかりの座敷に大久保さんも私どもも諸官省の人もおるという風で、地方官が来てもそこで一緒に弁当を喰《く》いながら行政の相談をするという始末、それが大久保公がいると事務がドシドシ運んだものだ。太政官でも三条《さんじょう》（実美《さねとみ》）公、岩倉《いわくら》（具視《ともみ》）公なども皆同室で机をならべている、西郷従道《さいごうじゅうどう》さんなぞはどうにもこうにもならぬ人で、朝出て来ても宿酔《しゅくすい》未だ覚めずといった風で、「給仕、水を持って来い」と言っては、椅子をあちらこちらへ持ち歩いて、昨夕の馬鹿話を「オイどんがオイどんが」と言っては遣《や》り放ち、その傍若無人《ぼうじゃくぶじん》の従道《つぐみち》さんも大久保公が這入《はい》って来ると、急に粛然として、煙たそうな困ったような顔をしていた。大隈《おおくま》(重信《しげのぶ》)さん伊藤さんなども、大久保公にはなんとなく気が置けて、物騒な人だと言っておられたようであった。(明治四十三年十月一日)

大西郷は兄　しかし、さすがの大久保公も西郷には一目置いて平生からしてこれに兄事するといった風の交際ぶりであった。まだ西郷の流島中も、島津《しまづ》(久光《ひさみつ》)公から抜擢《ばってき》されるたびに、ぜひ西郷を帰していただきたいと言って歎願されたそうだ。国事はなにくれとなく西郷に「貴公はどう思う」と言って、こちらから相談するようにしておられた。征韓論《せいかんろん》で西郷が帰国した時などは、寡黙な人で心事のほどは分からなかったが、すこぶる遺憾に思っておられたらしい。今の大浦《おおうら》(兼武《かねたけ》)大臣などもその頃隠密の探偵として鹿児島へやられたが、あれなども、大久保公の苦衷のほどは察せられる。しかし、何しろ西郷の傍らにいる人たちときたら、すこぶる過激な人々で両雄の感情はますます疎隔さるるのみであった。

凶変前の悪夢　紀尾井町《きおいちょう》の変のあった三、四日前の晩、何であったか、相談することがあって、大久保公の屋敷へ行った。一緒に晩餐《ばんさん》を食べていたら、「前島さん私は昨夕《ゆうべ》変な夢を見た。なんでも西郷と言い争って、終《しま》いには格闘したが、私は西郷に追われて高い崖《がけ》から落ちた。脳をひどく石に打ちつけて脳が砕けてしまった。自分の脳が砕けてビクビク動いているのがアリアリと見えたが、不思議な夢ではありませんか」というような話で、平生夢のことなどは、一切話されぬ人であったから、不思議に思っていたが、偶然かどうか、二、三日にして紀尾井町の変が起こった。

砕けた脳が動く　その日は太政官に緊急な相談事件があって、皆が早く出かけた。皆が出揃《でそろ》っても大将一人見えない。大変に遅いがどうしたのだろうと言っていたら、使いが来て、今大久保公が紀尾井町で刺客《しかく》の手に倒れたと報《しら》して来た。私はすぐ駆《か》けつけた。公はまだ路上に倒れたままでおられたが、躰《からだ》は血だらけで、脳が砕けて、まだピクピクと動いていた。二、三日前に親しく聞いた公の悪夢を憶《おも》い出して慄《ぞっ》然とした。（明治四十三年十月二日）

前島密《まえじまひそか》　一八三五（天保六）年～一九一九（大正八）年。越後頸城《くびき》郡の豪農上野家に生まれる。江戸に遊学して洋学を習得し、一八六五（慶応元）年に薩摩藩に英語教師として招かれた。翌年幕臣前島家の養子となる。一八六八（明治元）年四月、江戸開城の後、江戸遷都を主張した意見書を大久保利通に届けた。一八七〇（明治三）年に新政府に出仕、以後通信・運輸行政の中枢に位置し、一八七四（明治七）年に内務省の駅逓頭に就任し、大久保内務卿の片腕として信頼された。「郵便の父」と呼ばれる。貴族院議員。男爵。

2　公の家庭教育……牧野伸顕

牧野伸顕男の談

前文部大臣牧野伸顕《まきののしんけんだん》男は実に大久保公の次男である。人格風采共によく公の俤《おもかげ》を伝えたりと称せられ、内外に威重されている。男を千駄ヶ谷《せんだや》の邸《てい》に訪ねて公が生前のことどもを聞く。多年海外の使臣として社交に訓練されただけあって、物慣れた応対振りのある中に、なんとなく故公の沈毅《ちんき》にして謹厚な俤が認めらるる。「父のことですから、どうも自分からこれと言ってお話しするほどのこともありません」と言いながら、故公が嗜《たしな》まれたと同じく、甘《うま》そうにシガーの煙を吐かれる。記者が家庭教育に関しては公はどういうお考え方でしたかと尋ねたら、男は「父はよほど家庭教育には熱心でした。父が亡くなったのは私の十八歳の時でしたが、何分父は子女の教育には普通《なみなみ》ならぬ注意をしていて、子供に対しては、年相応の自覚を与え、自修自立をするように平生訓戒していましたから、父のことは最もよく記憶に刻まれています。兄弟は随分多うございましたが、私と兄とは最も年長であったから、父が亡くなるとすぐ私はその時二十歳の兄を助けて一家の経営をやってきましたが、それもやはり父の薫陶の故《せい》と思っています。教育の方針は進歩主義でした。私は明治四年に東京へ出てきましたが、父はなんでもこれからは新しい学問をするに限る、時勢に先んじて学問しなければいけないと言って、私と兄とは西洋人に預けられました。何分にもその頃は攘夷《じょうい》など叫んだ後間もなくではあり、国の母などは西洋人に子供を二人も預けるなどということは、どうも大変なことだと思ったのでしょう、今にその頃母へ遣《や》った父の手紙があります（左は記者の手写するところ、括弧の中の註は記者の施せるもの）。

監修者注　新聞に掲載されたものは手紙の一部分だが、ここでは全文を掲げた。手紙は明治四年八月二十四日の日付。あて先は宿元とあるが、鹿児島在住の夫人ますに宛てたものである。出典は『大久保利通文書』史籍協会叢書、一九二八年、第四巻、三五三〜三五七頁。読み下し文に改めている。

尚々其地も別て豊作の由、当年は何方も同様にて誠に恐悦の至に候

幸便に任せ一筆申入候、秋冷相催候処弥《いよいよ》以て一同無異の筈めでたくぞんじ候、

次に於爰元《ここもとにおいて》拙者始め皆々別条なく候間、御安意給はるべく候

一、岸良七之丞便より書状相達、皆々無事の由安心致し候

一、彦之進、仲熊衣裳の包慥《たしか》に相届、落手致し候

一、牧野氏おみは殿より鰹節御送り、めづらしく則仲熊へも配分いたし候、御礼申し入れらるべく候

一、山田氏より鰹節送り給ひ、是又同様申し入れらるべく候、材介殿より書状遣はされ候へ共、別段返詞致さず候付、是もよろしく御伝へ給はるべく候

一、何かなどぞんじ候へ共、別ていそがしく不取敢《とりあえず》菓子二箱手しるしに送り候付御笑味給はるべく候

一、家作も成就、張付のみに相成候由、今頃は惣て成就の筈と相察候、あと便より委細申越候らはんと相待候、正五郎別て骨折いたしくれ候らはん、追て一礼申入べく候

一、彦、仲、外国人の師匠相頼み、別て修行致し、大いに長進いたし候、仲熊もこの頃書物も埒《らち》明き、大いに仕合《しあわせ》の至りに候、おみは殿へ其段御伝なさるべく候、当今は昔の世中とは夜と昼との違ひにて、今までのやうに鹿児島にて生立《おいた》ちあまることのみにては、行先《ゆくさ》き人幷《なみ》に家を起こし候ことも相調はず、百姓か物売《ものうり》になり候外こ

れなく、是《これ》よりは外国の学問相調べ、よほど人に増《まさ》り申さず候はでは、老いて子にたよることもできず、気の毒をいたし候より外これなく、されば子供の内手習ひ学問、諸芸を出精いたさず候はでは相済まず候につき、混《ひた》と外国人へ相頼み修業いたさせ候、両人とも別て仕立ちよろしく、外国人もほめ申し候由、彦熊は年も長じ候故、なほさら進みよろしく、皆々ほめ者にて大いにうれしく候、女の考へにては子供に旅をさせ、外国人などに頼み、不自由はあるまいか、どうであらうなどと案じ候も無理ならず候へども、今日の世の中に相成り候て、その位のことにては、前条のとほり、老《おい》の果てには気の毒のみいたし候より外これなく候、能々《よくよく》あきらめ申さるべく候、三熊も少しは成長のはづに付、学校にいれ候やういたさるべく候、子供をあまへかし生立《おいた》て候ては、子供をかはいがつて子供に一生の恥をあたへ候と同様に候、申すまでもなく候へども、山田氏直弥も、すま殿より精々教戒いたさるべく候、おゐいも女のことに候へども、手習書物よみ、何方《どなた》なりともたのみ修業いたさせ候やう、みねどのへ申さるべく候、かやうに申すことが今十年も立ち候と、直に思ひ当たり申さるべく候、右の趣兼ねて申し入れおき候

一、正五郎事、若し都合相叶候はば此節船便より鳥度上京いたしくれ候へば、別て仕《し》合《あわせ》の至りに候、段々申付候こともこれあり、この節は幸の便にて、直に帰り候こと

も出来候間、何とか名を付け候て参りくれ候やう相談致さるべく候、西郷信吾殿へ相談致され候てもよろしく、又田尻伝作未だ出立致さず候はば、同人へたのみ申されててもよろしく候、藤井様にてもたのみ申さるべく候也

一、類中何方《どなた》へもよろしく、分けてをば殿方、きちどのはじめへよろしくたまはるべく候

今日吉井氏西郷信吾殿出立致され候付き、一筆如此に候、何も直左右承知たまはるべくそろ、かしこ

八月二十四日

一　蔵（利通）

宿元

彦之進（長男利和）

三熊（三男利武）殿

伸　熊（次男伸顕）

雄熊（五男）殿

達　熊（四男）

駿　熊（六男）

七　熊（七男）

目的方針の選択は放任　父が岩倉《いわくら》（具視《ともみ》）右府《うふ》一行と洋行した時は、私は十二歳であったが、随行しました。兄も私も自費でした。その後引き続き留学していて、十四歳の時に帰朝しましたが、何分にも十二、三、四という最も教育に大切な時代を西洋で過ごしたものですから、肝腎《かんじん》の日本の学問が大変遅れてしまった。その頃は殊に日本の学問が必要な時でしたのに、漢学などはさっぱり分からない。殊に同輩がずっと進んでいるので気が気でなく、私も大変考えた末、いっそ支那へ留学して漢籍をやろうかとまで思い、父に相談しますと、父は「それもよかろう、しかしまあよく考えたらいいだろう」と言いました。父はこういう相談には頭から反対したり、いけないと言って止めたりはせず、あまり賛成しない時は、ただもっと考えてみたらよかろうと言うのが常であった。それで私も考えて、西洋から支那といった具合に片よった学問をするより、目下の日本で肝要な学問をしつつ先輩に漢籍を教わっていこうという気になって、父に話すと、父はきっぱりと「それがよろしい。そうなさい」と言いました。目的を択《えら》むのでも、方針を定めるのでも、すべて自分自分に考えさして、考えが間違っておれば何度でも考えさせ、これでいいというところで、始めてキッパリと「よろしい」と言いました。（明治四十三年十月三日）

非常な子煩悩 父はああいう厳格な風でしたから、内でもむっつりしていましたが、外《ほか》でも随分物騒な顔つきをしていたでしょう。しかし、子供は大変好きで、今支那へ行っている伊集院《いじゅういん》（彦吉《ひこきち》）公使の家内が、私の一番の妹ですが、あれが明治十年生まれで遭難の前年に生まれました。あれは赤ン坊の時分に非常に父に愛されたもので、役所へ出勤する前にも、もう十分か十五分で出なければならぬというのに、洋服をつけてから抱き上げて、書斎へ伴《つ》れて行って、キャッキャッと戯れていました。宅《たく》にいても来客や、事務の残りがあって随分忙しゅうございましたが、五分でも暇があると、小さい子供を書斎へ呼び入れて戯れていました。

会食と碁が娯しみ そんな風ですから、私なども高橋《たかはし》（新吉《しんきち》）さん（今の貴族院議員）に預けられていた時分でも、何か一身上のことで相談でもしに行くと、「よく来た晩飯は一緒に食おう」と言って、大抵会食される。私と兄とが行くと、いつでも夕《ゆう》飯《めし》を共にされたが、それがよほど娯《たの》しみのようでした。娯楽は碁で、退屈したり、頭を使い過ぎたりしたときは、碁を囲んで慰めていたようです。日記を見ると、よほど碁が好きであったようで、その外《ほか》には別に娯楽はなかったでしょう。今の方円社長《ほうえんしゃちょう》の岩崎《いわさき》（巌埼）健造《けんぞう》などは始終父に随従していました。碁ではいろいろの奇談もあるようです。

大真面目な人　宅に居ては、あまりぽんぽん怒《おこ》るということはなかったけれども、何分大真面目な人でしたから、半間《はんま》なことは決して言ってはいけなかった。何事に対しても真面目に聞いて真面目に言われるだけ、余計に半間なことは言ってはいけなかった。父は私生涯よりは公生涯の方が多く、安政《あんせい》の末頃からずっと役人の生活で、御維新までは藩庁へ出ており、御維新後はずっと朝廷へ出ていまして、家庭のことには自分も自然と平生疎そかになっているからとでも思ったのでしょう、余計に真面目に考えていたらしい。しかし、教育は自分の子供のことばかりでなく、一国の教育の将来についても、随分進歩した考えでいたらしいです。現にあの駒場《こまば》の農科大学なども、父が建白して造ったもので、日本の実業教育としては、あれが最初であったのです。（明治四十三年十月四日）

3

大西郷との交情……牧野伸顕

牧野伸顕男の談

大西郷との友情　大西郷《だいさいごう》との友情は、普通《なみ》なものではなかった。西郷（隆盛《たかもり》）の方が年は二つ上であったが、何しろ鹿児島の鍛冶屋《かじや》（加治屋）町《まち》という同町で生まれたのではあり、学事も共に勉強し、藩政に与《あずか》っても協力してやってきたのではあり、無論普通以上の友情であるべきではありますが、しかしそれが普通の人の想像する以上であったらしいのです。死生訂盟《しせいていめい》とか肝胆相照《かんたんあいてらす》とかいう言葉を今一層超越したちょっとは想像のつかぬ友情であった。大西郷はよく宅へ遊びに来ていて、字など書かれました。私どもは墨をすったり、画箋紙《がせんし》の端を指尖《ゆびさき》で圧《おさ》えたりしていたものです。いつ頃であったか、宅の家来筋のもので、少し不都合のことがあって真面目な父のことだから非常に激昂《げっこう》して破門したことがありましたが、その時も西郷さんが来て自分で裁判したり処分したりしていました。西郷は自分の弟の家《うち》の世話を焼くくらいの気持ちでやるし、父も黙って任しているという風でした。

大西郷は曠世の英雄　西郷さんは実に曠世《こうせい》の豪傑でした。あの人の心事などいうものは、到底想像もつかないでしょう。至誠で堅めた人でした。維新の変革では西郷さんも父も、これが第二の足利《あしかが》、織田《おだ》になるということを大変憂えて、いよいよ大政奉還《たいせいほうかん》の上は、これを相当の実力ある人たちに任しておいて、国に帰るつもりであったらしい。実際そうであったに違いなく、西郷はあのとおり、戦争を済ますと国へ帰ってしまった。父などは勉めて他国他藩の人材を遍《あまね》く網羅しようとしていたことは事実で、その当時の内務省の重だった人々を見ても分かります。藩閥《はんばつ》などいうことは、それより後に起こった事実です。もっともその時分としては免れぬ事情もあったでしょう。

征韓論後の両雄　征韓論《せいかんろん》の時は西郷さんは全く死ぬつもりであったのです。朝鮮へ行っておれは死ぬ、そうすれば後で堂々の軍が起こせるというのが西郷さんの心事であった。西郷は死ぬことぐらいは何とも思っていなかったに違いない。しかし、一方では、西郷は死ぬつもりでおるが、西郷を死なしては国内の鎮撫《ちんぶ》においても困るし、国力という点でも差し響くから、これは西郷はやれないというのが原因であった。父などの心事も明らかに察せられます。何分にも薩摩《さつま》はその頃に五万からの士族がおって、最多数と言われた加賀《かが》の百万石でさえ二万幾らであるのに、薩摩は七十五万石でも五万以上の士族があった。それが皆武と士気とを練りに練っている、これが実に過激な連中で、西郷でなければ鎮撫は難しい。その他の藩の士族も不穏であったが、西郷さえおれば鎮撫ができる、この大事の西郷は死なされぬというのが、友人としての情と混じって、父の反対した訳でしょう。(明治四十三年十月五日)

西郷の心事を知るはおれだけだ　現に十年の役が起こって、一月の末に私学校連が火薬庫を襲ったという電報が到着した時も、父は果たして薩摩の連中が蜂起した、しかし西郷は決して出てはおらぬと言っていました。その後、西郷が出たという電報が頻々《ひんぴん》として来たけれども、父は決して信じませんでした。だんだん西郷の出たことを友人などから言って、征討の軍を出さなければいけませんと言っても、イヤ西郷は出てはおらぬ、しかしあの男のことだから進退去就には迷っているだろうと言っていましたし、それに西郷へ向けて勅使を立てて、畏《かしこ》きあたりの渥《あつ》い御思し召しのほどを話して聞かせたら、きっと迷っている態度を決して軍《いくさ》をやめるだろうとは確《かた》く信じていました。それがために畏《おそ》れ多いが海軍大輔《たいふ》の川村純義《かわむらすみよし》さんが、お手あつい思し召しを奉じて軍艦で薩摩へ行き、西郷に逢おうとされました。あれは二月であったが、川村さんは上陸して西郷に逢うつもりであったが、行けばきっと屠《ほふ》られるからと傍《はた》の者が止めたので、船から会見の申し込みをやった。西郷は無論逢うつもりであった。薩摩の方でも会見説と非会見説との二派に分かれて、西郷の末弟《ばってい》の西郷小平《さいごうこへい》（小兵衛）などという連中は、船へ行って逢った方がよかろうと言ったが、逸見《へんみ》（辺見《へんみ》）十郎太《じゅうろうた》などは、激烈な非会見説で、行けば西郷は盗んで逃げられるに違いない、もし西郷が盗まれでもしようものなら、何の顔《かんばせ》あって、十万の九州男児に見《まみ》えよう、ぜひとも西郷が行くというなら、おれは涙を呑《の》んで西郷を切ってしまい、自分も自ら衂《ちぬ》って死ぬと言い出し、刀を抜いて敦圉《いきま》くという騒ぎに、西郷も笑って、いや強《た》って行こうというのじゃないと言って止めた。そこで、川村さんもこの形勢を聞いて、とても西郷と逢うのは六《むつ》かしい、また到底帰順という訳にはゆかぬ、西郷も所詮死ぬるつもりでおるらしいから、この際躊躇《ちゅうちょ》しては大事になろうも知れぬ、天誅《てんちゅう》の軍を出さねばなりませんという電報を打たれて、討賊の勅《みことのり》が出たという始末でした。

胸中察せらる　父のその時の胸中の察せられることは、十年の役もすぎ、西郷も亡くなってから、父は西郷の心事は天下の人には分かるまい、分かるのはおれだけだ、おれが西郷のことを今日に書き残しておかなければ、後世西郷は誤り伝えられるだろうと言って、自分で書くつもりでいました。しかし、自分で書くのも多忙な体《てい》だから、重野安繹《しげのあんえき》さんを頼んで、父が話すのを書いてもらい、後世に貽《のこ》そうというつもりでした。重野さんもそれはぜひ書きましょうと言って、準備までされたが、父の多忙で少し延びている中《うち》に、あの不幸のためにこのことさえできずにしまいました。

記者曰く、こう語り終わって男《だん》は口を緘《とじ》られた、荘重沈毅な顔に多少の感慨の動くのが見え、眼鏡《めがね》をはずして眼鏡の曇りをぬぐわれた、感傷を深くするのもと思って、余談に移り、辞した。（明治四十三年十月六日）

牧野伸顕《まきののぶあき》　一八六一（文久元）年～一九四九（昭和二十四）年。大久保利通の次男。ワシントン・フィラデルフィアの学校で学ぶ。一八七四（明治七）年に帰国し東京開成学校（のち東京大学）に入学。一八七九年、外務省に入り、ロンドン日本公使館勤務。一八八二年帰国、伊藤博文の知遇を得て法制局参事官などを歴任。一八九七（明治三十）年からイタリア、オーストリア、スイスの各国公使を歴任した。親英米派・自由主義者と目され昭和の五・一五事件、二・二六事件の際にテロの目標とされたが、幸いに難を免れた。

4　日本の大黒柱……林　董

林董伯談

［記者］大久保公に関するお話を伺いに上がりました。

［伯］牧野《まきの》（伸顕《のぶあき》）さんの話なども面白く読んでいるが、吾《わ》が輩《はい》は公とは親交はなし、別に変わった話はない。知っているだけは外《ほか》へ書いた。

［記者］しかし、牧野男《だん》のお話では、父に関する話では林伯《はく》などは最も興味を以て見ておられた人だから、面白い話があるはずだとのことでした、政治家としての公はいかがです。

［伯］ウム、吾が輩の外から見たところでは、大久保は明治年間の唯一の大宰相であったと思う。社稷《しゃしょく》の臣、宰相の器としては公の右に出《い》ずるものはない。維新前後に功臣は多く、無論大久保一人《いちにん》功績があった訳ではないが、しかしあの難局に当たって、一切の責任を自分で引き受けて、難《かた》きは自ら任じ、易《やす》きは人にさせるという、あ

の態度は外の人の真似のできぬところである。あの頃はほとんど難しいことだらけであったのに、公はその責めを一切自分一人で背負った。由来難局はこれを人になすりつけ、易きを自ら行うて独り功を修めるというのが政治家の通弊であって、随分偉い人でもこの弊には陥りやすいが、大久保は一人で難きを背負って立った。あの人は優に日本の大黒柱となり得る人だった。

［記者］事務の裁決などいう点では。

［伯］事務？　事務などを以て大久保を論じては大変な間違いだ。裁決流るるが如しとかなんとかいうのは、ヤリ手とか才子とかいうもので、畢竟《ひっきょう》それは刀筆《とうひつ》の吏《り》である。大久保はそんなものを遠く超越しておる。あれはただその人その物が国家の柱石であったのだ。かつてこういう話を聞いた。それは一の建議案が諸参議の間に全部賛成を得てから大久保の処《ところ》へ出ると、その場合大久保がもう一遍よくお考えになったらいいでしょうと言ったら、その案はもう潰《つぶ》れてしまったことにされた。大名が臣下の言を潰し、富翁《ふおう》が目下のものの言を潰すことは無論あるが、大久保のはそんな金力や権力の助けなくして、ただその人物の力が偉かったからである。よく考えたらいいでしょうの一言《いちげん》で以て諸参議の賛成案もたちどころに潰れた威重は、要するに、あの人の至誠国に尽くす心、己《おのれ》を空しくして国のためにした、あの人格の力である。だか

ら、あの人のいた間は天下はピリッともしなかった。

〔記者〕至誠己を空しくして、国のためにするという点は西郷《さいごう》も同じでしょう。

〔伯〕西郷は吾が輩は知らん。しかし、恐らくその点だけは同じであったろう。ただ西郷は旧幕を仆《たお》すという難事業をやるに非常に功のあった人だが、大久保は新しい国家を建設するに非常の功のあった人だ。どちらが難しいとは言えぬが、あの際の建設は破壊より易かったとは言えぬ。

〔記者〕あの三傑の間にさえ権力の争奪があったと言われますが、そうでしょうか。

〔伯〕それは見ようによってはいろいろに言われるか知らぬが、吾が輩は大久保は私の利害を全く空しくして至誠国を念《おも》うた人と、断言する。わずか一年半ばかりの知遇であったが、その間に見たところで言っても吾が輩はそう断言できる。あの不幸は惜しかった。権力の争奪はむしろ大久保死後だ。あの人の生前と死後との役人の生活状態の相違は大変なものだ。奢侈《しゃし》、遊惰の風は大久保生前は見たくも見られなかった。

〔記者〕紀尾井町の不幸がなければ公は後に大変な仕事をされたでしょう。

〔伯〕大変な仕事はもうすでにあれで十分やっていたじゃないか。新政府の建設はほとんど大久保の力でできたのだ。しかし、その死後に紀綱のゆるむ……役人が急に贅《ぜい》沢《たく》になったということだけ言っても、大抵は想像がつくはずだ。(明治四十三年十月

七日）

林《はやし》董《ただす》　一八五〇（嘉永三）年〜一九一三（大正二）年。佐倉の藩医師佐藤泰然《さとうたいぜん》の子で、幕府の医官林洞海《はやしどうかい》の養子となる。一八六六（慶応二）年幕府の英国留学生としてロンドンで学ぶ。一八六八（明治元）年六月に帰国するが、榎本武揚《えのもとたけあき》の開陽丸に乗り込み、蝦夷地へ行き、箱館戦争に参加。出獄して岩倉全権大使一行に随行。一八七三（明治六）年に帰国し技術者養成を目的とした工学寮工学校（のちの工部大学校・東京大学工学部）の創設・運営の中心となった。ロシア公使、イギリス大使、外務大臣を歴任。伯爵。

5　威重山の如し……高橋新吉

高橋新吉氏談

威厳ありし人　大久保公は部下に対しては大変親切な人でした。親切で大変よく世話もされたが、しかし決して礼譲を疎そかにされなかった。私どもを呼ぶのでも決して呼び捨てにはせず、また高橋君とさえも言われなかった。何時《いつ》も「高橋さん、あなたが」と言う風の物の言い振りで、私どもが行って辞儀をしても、先方はやはり丁寧に頭を下げて、畳へ二、三寸ばかりのところまで俯《うつむ》いて辞儀される。帰る時は玄関まで送って出て、シッカリと辞儀をされた。この点は大西郷《だいさいごう》がよく似ていた。同じ学校で育った人でないかと思われるほどよく似た風であった。しかし、大久保公は大変威厳のあった人で、前へ行くと、威厳に撲《う》たれるような感じがしました（と、ここまで語られし時、氏の側《かたわら》にありし某氏は薩人《さつじん》らしき口吻《こうふん》を以て話を引き取って）公の威厳というものは大変なものであったと見える。

故伊藤公の実話 であったが、なんでも支那へ談判に行かれる時分、伊藤《いとう》（博文《ひろぶみ》）公が、どういう胸中で行かれるかということを何遍も聞きに行かれたが、どうも思い切ってスラスラ言葉が出ない。いよいよ談判が六《むつ》かしくなったら戦争をも辞せぬ気でおられるか、あるいはどこまでもできるだけの譲歩をして帰られるか、公の奥底の心持ちを聞きに三遍行ったがどうも言い出せない、とうとう横浜まで送って行って波止《はと》場《ば》で人との話に「じきに帰って来る」と言われたので、ハハア戦争とまで突きつめる気はないなと、やっと察せられたというお話であった。同じ参議《さんぎ》をしていても、それくらい憚《はばか》られるのですから威厳は大したものであったでしょう。大久保公の前では、流石《さすが》の

山本大将も閉口 したそうです。何か議論があるとすぐ参議連中をいじめにいったものだそうですが、大西郷の前では滔々《とうとう》としゃべりたてるが、大久保さんの前へ行くと、時々明解な判断をされ、批評をされるのとある程度以上に截《き》り込んで議論すると「それはあなた方の論ずる範囲でありますまい」との一言《いちごん》で、すっかり参ってしまったと、これも山本《やまもと》（権兵衛《ごんべえ》）大将の実話であった（と語られる。すると高橋氏は微笑して）。イヤ実に公の前では冗談一つ言えなかった。私は叱《しか》られた覚えはないが、間違ったことがあると、周到な教訓を与えられました。恐らく誰も叱られたものはあり

ますまい。その教訓がまた実に懇切でしかも一々明晰《めいせき》な説明や段落があって分かり切っていると思うようなことまで、キッパリキッパリした口調でシッカリと教訓された。（明治四十三年十月八日）

6　部下に対する公……高橋新吉

高橋新吉氏談

寡黙にして峻厳　大久保公は寡黙な方《ほう》であったが、なんとなく峻厳《しゅんげん》なところがあった。その頃左院の議長は後藤象二郎伯《ごとうしょうじろうはく》であったが、どうかしたことで事件が起きて、議員をしておられた高崎五六《たかさきごろく》という人が公を訪ねて来て、その事件について何か盛んな議論をした。この人はその頃の有志で維新の功にも与《あずか》った人のことであるから、その議論に対しても公は無論相談的にいろいろ話されることと思っていた。ところが、私はその時に座に居合わせていましたが、公はただ黙って聞いていられる。およそ二、三時間も声を励まして高崎さんは滔々《とうとう》と演《の》べたてたのに、公は終始黙々としておられる。高崎さんはしゃべり尽くして公の意見いかんという姿でおられたが、大久保公はただ「それだけですか」と言われた。それで、また高崎さんは繰り返し巻き返して意見を演べられたが、最後は、また「それだけですか」と言われた。高崎さんが

「そうです」と言ったら、「貴方の意見には佳いところもあるが、また佳くないところもある。よく考えましょう」とそれっきりであった。高崎さんも変な顔つきをして帰られたが、私は西洋から帰ったばかりのところで、この応接振りには全く愕《おどろ》きました。それで公に、あれほど熱心に話しておられるのに、あの御挨拶《あいさつ》はあまりに冷淡に過ぎはしませぬかと言ったら、公はニッと笑って、「こういう大事はあなたそう一朝一夕に決められることじゃなかろう」と言うておられました。

無駄口を言わぬ　公が無駄口を言わぬ例はまだいくらもある。私の記憶に最も深い逸話があるが、それは私が洋行から帰った時、父が家政を失策《しくじ》って大変困ったことがあった。私も家政のことについては種々《いろいろ》心配もしました。ある日大久保さんの宅《たく》へ上がって、家政の話などをして帰った。ところが、その朝ポケットに入れていったはずの米国紙幣の二十五弗《ドル》が紛失している。これは落としたか、スラれたかに違いないと思ったが、何しろその頃の二十五弗というものは、大変な金で、家も金に困っている時であったから、非常な打撃であった。その頃、宅にいた出入りの婆《ばば》が、浅草の易者《えきしゃ》に見てもらったら、これは盗まれたのではない、きっと出ますと言う。けれども、易なんかアテにはならぬと思って諦《あきら》めていたが、ある日、その頃左院《さいん》の議員をしていた中井桜洲《なかいおうしゅう》のところへ遊びに行ったら、中井が「貴公はこの頃大変金持ちになったそうじゃのう」と言う。変なことをいうとは思ったが、「イヤ金持ちどころじゃない、この頃は父が家政を失策《しくじ》るし、私は西洋から持ってきた虎の子の二十五弗を失《な》くしてしまって困っている」と言ったら、中井が腹を抱《かか》えて笑い出した。あんまり笑うから私も不思議に思って、「何がおかしい」と言ったら、「イヤ先日大久保さんのところへ行ったら高橋は金持ちになったと見える。高橋が帰ったあとに札が二十五弗落ちていたが、西洋の土産にくれたのじゃろう」と言っておられたというので、私は早速大久保さんの邸《やしき》へ行ったところ、不在で奥様が笑って渡して下さった。そこで私も平生冗談を言わぬ人だが、中井の話で見ると、あるいはこのことを面白がって冗談口の一つも利かれるかも知れないと思って、どう言われるか興味を以て待っていた。ところが、その後お目に懸かっても二十五弗の話はチットも出ない。今度は出るか出るかと思っている内に、とうとう亡くなるまで言い出されなかった。そういう無用な話はよほど変わったことがあってすら話されなかった。（明治四十三年十月九日）

7　子弟教育の苦心……高橋新吉

高橋新吉氏談

洋行中の公　公が岩倉《いわくら》（具視《ともみ》）大使一行と共に欧州視察に来られた時は、私は亜米《アメ》利加《リカ》に留学しておりました。一行が滞在の内は、私どもの友人が、皆それぞれ通弁をやって見物の案内なぞいたしました。今の前田《まえだ》献吉《けんきち》なぞも一緒でした。その留学の書生連中が、一行の帰ってからの批評に、どうも外国人と話をして、対等の威厳態度のあるものは大久保さん一人《いちにん》だ、外の人はいかにも貧弱で、見すぼらしくて、田舎者が東京の紳士連中と話しているようで、見ていても気が引けるようだが、大久保さんだけは西洋人もその人物、風采、態度には敬服尊敬している風が見えるというのが皆の一致した批評でした。実際、あの時の一行には、随分おかしいことがありましたが、大久保公一人は、いつも威儀厳然としていて、西洋人も馬鹿にしないという風がありました。

子供の教育に苦心　今の大久保侯《おおくぼ》（利和《としなか》）に牧野男《まきのだん》（伸顕《のぶあき》）はその時一緒に洋行されて、紐育《ニューヨーク》州のある田舎に、二人とも留学することになっていた。西洋人の内に預けて学校へ通わせることにしてあったが、何分にも大久保公の子供だからというので、金も自由にし、行動も自由にさして、贅沢《ぜいたく》がさしてあった。大久保さんは知らないのだけれども、預かったものも自然そうなるのが勢いである。所謂《いわゆる》あまやかすというの英語ではスポイルという。大久保公の子だから仕方がないが、あれほどスポイルで育っては仕方があるまいと、外のものも言い合っていました。それがちょうど紐育へ来ていた公の耳へ入ったものと見えて、ある晩に前田《まえだ》と私とを宿へ呼んで非常に心配そうな顔つきをして、折り入ってお願いがある、実は私の子供が二人留学によこしてあるがどうも監督が行き届かなくて困る、どうか貴公たち二人で預かってくれぬかとのお頼みである。それで私らは相談して預かるのもよろしいが、大久保公の子として預かって育てるのは困る、親として預かって、ピシピシ育ててもよろしいのなら預かりましょうと言ったら、大久保も始めて愁眉《しゅうび》を開いたような顔つきをして、それが願うところだ、どうかまアお二人の力で一人前の人間になるように育ててもらいたいと、懇《ねんご》ろに頼まれた。（明治四十三年十月十一日）

煥発の牧野男と公の喜び　それで牧野男は私が預かることとなり、兄の大久保侯は前田《まえだ》（兄献吉《けんきち》と弟の正名《まさな》、のち農商務次官）が預かることになった。牧野男は確か十一ぐらいの小さい坊ちゃんであったが、実に煥発《かんぱつ》な子供で、ある時私に向かって、「高橋さん世間でよく鳶《とび》が鷹《たか》を生んだと言いますが、私の父はすでに日本人としては無上の出世をしておる。いくら私が偉くなってもあれ以上に偉くなることはできません。どうせ将来は鷹が鳶を生んだと言って世間から嗤《わら》われましょう」と言われた言葉といい、その感慨の面持ちといい、十一歳の子供とは思えない、それで私も非常に喜んで、それは実に好いことをおっしゃった、そのお心がけを決してお忘れなさいますな、きっと貴方《あなた》は偉くなれますと言って、その晩早速日本の大久保公の許《もと》へ報《しら》しましたら、その返事に、公も大変悦《よろこ》ばれたと見えまして、実に私も嬉しい、伸顕のことについては安心しました、よろしく教導を願うという、長い手紙をよこされました。

子女皆人物となる　そういう風に公の家庭教育及び子供の教育に腐心された結果は、立派にその子女に現われておる。牧野男が今日のことは人も知っておるが、公の亡くなった時は、たしか十八、九と覚えますが、よく兄さんを助けて一家の始末をしてゆかれた。公の死後は家の始末はよほど六《むつ》かしかったに違いないが、年少にしてそれをやられたのは全く公の教育のお蔭です。

家庭の平生　家庭の平生は、そういう風ですから極めて厳格な方《ほう》であった、厳格というよりは謹厳な方で、みだりに笑ったり、怒《いか》ったりはされなかったようだ。私どもは前《ぜん》申したようにあまり公の笑われたのを見たことはない、怒られたのも無論である。子供に対しても諄々《じゅんじゅん》として諭されたでしょう。しかし、泣かれたことがただ一度あったそうです。

ただ一度泣く　それは西南《せいなん》戦争の始まった頃、公は決して西郷《さいごう》の乱に加わっているのを信じられなかった。人が何と言っても、あの男はそんな男じゃないと言って聞かれなかったが、いよいよ出たに違いないという確報も証拠も来たときに、初めて「そうであったか」と言って、ハラリと涙を流されたそうです。大久保公の涙は、この時が、子供の時を除けば、生涯にただ一度であったということです。

記者曰く、高橋氏の大久保公に関する談話に、氏が公に最も昵近《じっきん》せし人なりしだけ既載の如く長かりしが、記者はあまり長時間に渉《わた》りて氏を累《わずらわ》すべきを憂いたるも、折柄来客繁かりしより、ここまで語られし時礼を述べて辞せんとせり。しかるに、氏は記者を呼び留めて、特に公に関して話したきことあり、請う明日来られよと嘱せられたり。以下掲ぐるところは氏がその翌日特に熱心に語られしものなり。（明治四十三年十月十二日）

8　公の格言……高橋新吉

高橋新吉氏談

最も感銘深き話　大久保公から聞かされた話の中《うち》で最も感銘の深く、今にこれを記憶しているのみならず、ことごとに教訓ともなり、子供などにも言って聞かす話がある。なんでも明治八年の末頃であったと思う。一日大久保公の邸《てい》に参候したら、公は感慨の深い面持ちをして自分に言って聞かされたことがある。その時分は私は長崎の税関長をしていましたが、なんだか相談することがあって上京して邸《やしき》に上がったのでした。何分にもその頃は政府の草創時代で、新しく施設すべきことはたくさんあるし、また方針として変えてゆかなければならぬことが幾つとなくある。例の高崎五六《たかさきごろく》さんの議論などがあったのもやはりその例で、下のものから、ああなさいと献言すれば、また傍《そば》のものからこうしなければならぬという時代、そこで大久保公は私にそのことを話されて、「高橋さん、孔子《こうし》は、過ぎたるは猶《なお》及ばざるが如し、と言われたが、

私は、

過ぎたるは及ばざるに如《し》かず　と言いたい。これは徳川東照公《とくがわとうしょうこう》も言われたことであるが、何分にもこの天下に一大変革のあった跡というものは、これを整理し守成して行くのは六《むつ》かしいものだ、こういう場合にはしなければならぬことはたくさんあるが、しかし行《や》り過ぎるのはよろしくない、殊に我国の目下の現状はことごとに新しくしなければならぬことばかりだから、余計に私はそう思われる、行《や》り過ぎるのは、行り足らぬよりは悪い、行ってしまった後はもう取り返しがつかぬけれども、未だ行らぬ内は熟慮してやるべき余裕がある、だから、過ぎたるは猶及ばざるが如しではなくて、過ぎたるは及ばざるに如かずである、家康《いえやす》公がこのことを言われたのが今全く思い当たる。また、元《げん》の耶律楚材《やりつそさい》という男も

一利を興すは一害を除くに如かず　と言っている（この時高橋氏は首を傾《かし》げて、この耶律楚材は元の忽必烈《クブライ》の参謀をしていた大学者だそうで、忽必烈の大事業も大部分はこのヤリツソサイが献策にかかるものだということです、この一利を興すは一害を除くに如かずという言葉には対句があって、大久保公から委しく聞いたのだが、対句の方は忘れました。公の話の主意は無論この句にのみあるのです）が、全くそのとおりで、私は討幕のことにも与《あずか》り、またこの守成時代にも親《みずか》ら当たってみて、しみじみ

思い当たるが、誠にやり過ぐるはよくない、一利を興すは一害を除くには勝たないと思う、聖人の言といえども時勢に依っては全部応用することはできない、時勢に応じて活用しなければならぬ」と言ったような公のお話で、私も非常に感服いたしました。それで、私は大久保公に、今日のお話は全く感じました、はなはだ御面倒ですが、その一利を興すは一害を除くに如かずという語を左右の銘にしますから書いて下さいませんかと頼んだら、公はよろしいと言って承知されました。(明治四十三年十月十三日)

公容易に書かず　その頃は大久保公へ書の依頼に来るものがたくさんあって、公は遑《いとま》を見ては書かれるので、私どもも昵近《じっきん》はしていたが、今言うて今すぐはなかなか書いてもらえなかった。それでその耶律楚材の「一利を興すは一害を除くに如かず」という言葉を書いてもらう外にも、詩か何かを二、三枚書いてもらいたいと思って、紙を五、六枚一緒にして私の名前を書いて大久保公のところへ出しておきました。その内に東京の用事も済んで長崎の方へ帰っておりましたが、公からの書はなかなか来ない。その内に二枚ばかり来た。けれども、それは例の句ではなくて公の自作の詩が書いてあった。私も不審に堪えず、待ち焦れている方の書は届かないし、用事を兼ねて上京して、大久保公にその話をすると、「ハアそうであったか、全く忘れていた、近々書いて上げよう」というお話で、止むなく長崎へ帰りましたが、やはりその書は送って来ない、その翌年になっても来ない。

ようやく送り来たる　する内に西南戦争の始まる前になって、九州地方はすこぶる穏やかでなく、ややともすると私どもまで乱の味方に与《くみ》しはせぬかと睨《にら》まれるような仕儀でした。その頃、租税局長をしていた吉原《よしはら》（重俊《しげとし》、後の日銀総裁）が支那へ行くのだと言って、途中で私のところへ寄りました。なんでも上海《シャンハイ》にいる品川《しながわ》（弥二郎《やじろう》）総領事のところへ行って、支那から金を借り出しに行くので、大久保公の内命で来たと言っていました。それが例の書を持ってきた。大久保公からなんだか大切らしいものを預かってきたが中は何だろうと言いますから、私は大層喜んで多分書だろうと言って開封しますと、果然そうでした。そこで、吉原がこの書は何故《なにゆえ》そう大切なのだと言いますから、実はこれこれだと言って、今までの来歴を話しますと、吉原も大変感じた風で、「しかし、今までそれを書いて寄越さずにいて、今になって突然それを寄越さるるには公に何か意味があったのだろう、君はどう思う」と言いますから、

公の遠志　私はしばらく考えて、これはきっと薩摩《さつま》の暴徒に関係してのお考えであろう、私が今比較的暴徒に近い土地におるし、またこの暴徒が目下国家の大事を醸《かも》す

も知れない所から、公も私にその決心を聞かして、私にも大いに国家の害を除くようにとの励ましであるのだろうと申しますと、吉原は手を打って、そうだそうだ、公の遠志はここにあったに違いない、この格言を書いて君に寄越すべき時節の来るのを先見して待っておられたのだろうと言いました。

遠志いよいよ分明　その後十年の乱も平《たいら》いで後《のち》上京しますと、公は私を喚《よ》んで、先日吉原の話によると、君たちはあの書を私《わし》が長く忘れていたのを何か大変な意味のあったことのように取っていたそうだが、私は全く忘れていたので、そんな考えはなかったのだと言われました。公はそういうことをわざわざいう人ではありませんから、公の遠志はいよいよ分明になったと、私は心ひそかに思っていました。今にその書は大切にして持っています。

公の嗜好　序《ついで》ですから言っておきますが、公の嗜好《しこう》は煙草《たばこ》と碁で、酒は葡萄酒《ぶどうしゅ》を飲まれたようです。煙草は指宿《しすく》煙草と言って、非常にキツいので私どもには吸えないようなのを愛用しておられました。碁は今は牧野男ほど好きでした。（明治四十三年十月十五日）

高橋新吉《たかはししんきち》　一八四三（天保十四）年～一九一八（大正七）年　薩摩藩士。幕末、長崎に

遊学して英学を学び、前田《まえだ》献吉《けんきち》・正名《まさな》兄弟といわゆる『薩摩辞書』を編纂。アメリカ留学中に前田兄弟らとともに大久保の子供の監督・世話を託された。帰国後は大蔵省に入り、長崎税関長等を歴任。日本勧業銀行総裁。男爵。

9　伊藤公の感涙……千坂高雅

千坂高雅氏談

貴族院議員千坂氏は米沢藩の名門である。維新の際は挺身《ていしん》藩論を統一して功勲を樹《た》て、維新後は大久保公の扶掖《ふえき》によって産業を興し、かつまた公の秘書役として働いた人である。氏を訪ねて公の話を聞くと、氏は快く出で迎えて、「大久保の話か、長らく世話になったから大久保さんの話はいくらでもある。牧野《まきの》（伸顕《のぶあき》）男爵の話は読んだが面白かった。おれが大久保の邸へ行く頃はまだ牧野などは赤ン坊での、抱いて小便なぞさしてやったものだ。素直な愛《め》ぐい児《こ》でのう、ハ、、」と笑って、「イヤ大久保の伝を作ると言って人が来て、随分おれンとこから材料は持って行ったが、まだ話はいくらでもある。しかし、おれも旅行前で誠に忙しいから、たくさんは話せないが、その代わり誰アれも知らぬ話を聞かしてやろう」。

前原一誠の乱　伝にも載っておらず、誰も知らぬはずの話を聞かしてやろう。大久保の人格の最もよく現われているので、人の知らぬ話は、前原一誠《まえばらいっせい》の乱の時のことだ。おれはその時分は大久保の秘書役をしていた。大久保は参議《さんぎ》さ。この乱が勃発する少し前に、木戸《きど》（孝允《たかよし》）参議と伊藤《いとう》（博文《ひろぶみ》）参議から、前原一誠を参議に挙げてくれという推薦が出ていた。そのことは後で伊藤からおれが聞いたので、前原の乱が起こった時は無論知らなかった。山口県令の中野梧一《なかのごいち》から暗号電報が大久保へ来て、おれに訳せというから、すぐ訳してみると愕《おどろ》いた。前原一誠が乱を起こして三千挺《ちょう》の鉄砲を持ち込んだという電報だ。私もあわてたさ。早速大久保の前へ行って、これこれだと言って電報をつきつけると、大久保は沈着《おちつい》たもので、少しもあわてずに

「どうもこれらしかった」とたった一言さ。どうだ大久保は偉いだろう。そうすると、大久保はすぐその電報を巻いて、「これを伊藤参議の所へ持っていって、どうか木戸さんへお渡し下さいと言ってくれ」と言うから、変なことだとは思ったが、すぐ二人《に》曳《にんびき》で伊藤さんの内《うち》さ駆けつけた。伊藤さんとこはその頃今の亜米利加《アメリカ》公使館の処《ところ》にあったが、行って電報を見せると、伊藤参議の顔は見る見る変わってしまった。そして、伊藤は私に向かって、「どうか大久保さんに伊藤は全く感謝いたしますと言って下さい」と言って、ハラハラと涙を流した。

伊藤の涙　どういう訳かと私が伊藤に聞いたら、「実は私と木戸さんと二人で前原

を参議に推薦したのだ。ところが、大久保さんは不同意とは言わぬが、少し聞き込むところがあるから、ちょっと待ってくれと言ったので、木戸さんは天下の志士を疑うと言ってヒドク怒る。私も実は不平であったが、参議に推したものが謀反《むほん》したとあっては面目がない。その私たち二人の顔を潰《つぶ》さぬように、こうして木戸さんに渡して下さいと言って、電報を寄越《よこ》された大久保さんの態度は実に偉い、伊藤ヒドク感謝いたしたと伝言してくれ」と言って涙を流していた。伊藤はこの時始めて真から大久保に感服したらしかった。私《おれ》は帰って大久保さんにその話をしたけれども、大将は首を振っただけで何も言わなかった。この話は伊藤が死んだ今日、天下に誰も知るものがない。（明治四十三年十月十六日）

10　公平無私の公……千坂高雅

千坂高雅氏談

公の公平無私　政治家として公の偉かったのは無論だが、それは公平無私という点が原因の一である。どの藩から出ている者でも、大久保には心服していたというものは、あの公平無私、至誠至忠の点にある。その頃、内局の書記官をしていた男に松田《まつだ》道之《みちゆき》というのがあった。後には東京府知事になった。あれは非常に大久保に可愛《かあい》がられた男であった。何しろ弁説の爽《さわや》かな、記憶力の強い、学問もあるなかなかの才子で、おれなどは嫌いであったが、才子としてあれほど感服した男は前後にない、剃刀《かみそり》のような男さ。それが琉球《りゅうきゅう》から賄賂《わいろ》を取ったということで、おれなどはそんなことはまるで知らなかったが、論旨免官になったので分かったことがある。松田はその頃少丞《しょうじょう》か何かで、権大丞《ごんだいじょう》に推薦されていたが、ある日、皆と一緒に内局にいると、松田にちょっと来いと言うて、大久保から呼びに来た。それでおれなどは「そら権大丞だぞ、おめでとう」などとやったもので、当人もそのつもりでいたが、しばらくして帰って来ると、免職の辞令をブラ下げている。そこでおれも平生は厭《いや》な奴だと思っていたし、大久保の前で喧嘩《けんか》をやったこともある男のことだけれども、事情が分からぬので、大久保の前へ聞きにいった。すると、大久保は、あれは琉球から賄賂を取って云々という説明をされた。おれも聞いて実は愕《おど》いたが、当人も外の連中も皆目分からずにいることだから、これを帰って内局でいうたものやどうしたものかと考えて、大久保に「では、その訳を当人や皆の者に話してもよいでしょうか」と言ったら、大久保はタッタ一言《いちごん》「言うてよろしい」と言った。

私情に殉ぜず　松田などは非常に可愛がっていた男だけれども、一つ物が間違うとこのとおりビーンとやっつけてしまう。そういう調子だから閥《ばつ》族《ぞく》などいう考えは少しもなかったらしく、内務省には鹿児島人はいくらもいなかった。今の松田が鳥取、前《まえ》島《じま》（密《ひそか》）さんなどは越後《えちご》で、おれが米沢《よねざわ》さ、皆元は薩《さつ》には好《わし》い感情のない奴だったが、ことごとく容れて使っていた。そして、大久保はよく「私の国のものは政治には役に立ちません、戦《いくさ》にはいいが」と言っていた。その代わり信じた人はあくまでも可愛がったもので、おれなどは大久保が死んでから、前島さんから聞いて、始めてあれほどまでにおれのことを心配していたかと愕いたり感謝したりした次第だ。今君のいうその前島さんの持っている百二十通の中の半分くらいはこのおれのことだ。おれもあの手紙を前島さんに見せてもらって全く愕いたよ。(明治四十三年十月十七日)

監修者注　松田道之の「賄賂」云々について、数日後の十月二十二日掲載の「13西郷との情誼」の記事のあとで、誤りであったと訂正している。

11　友誼に篤き公……千坂高雅

千坂高雅氏談

友情あつき公　今いうとおり大久保は公平無私な男ではあったが、また情誼《じょうぎ》には極めて厚かった。大久保が内務卿でいた頃、開拓使長官の黒田が女房を蹴殺《けころ》したという有名な事件があった。この事件は天下の疑問となったもので、今でもまだ疑問に附せられているが、おれはその真相をちゃんと知っている。この真相を知っているものは、松平《まつだいら》正直《せいちょく》《まさなお》とおれと二人ぐらいのものだが、あの天下を騒がした大疑問大事件を大久保はタッタ一言で以てビーンと鎮めてしまった。これというが皆大久保の友情から出たものだ。事の起こりは、黒田《くろだ》清隆《きよたか》が夜半に女房を蹴殺したのだ。何も蹴殺す気はなかったのだろうが、誤ってそういう事になったのさ。おれの娘の光子というのが、その殺された女房の妹と親友で、ちょうど年も同じだし、始終遊びに行ったり来たりしていた。その女房の妹が、その晩の夜半《よなか》におれのとこへ泣き込んで来たので、何事

かと聞くと、

黒田が女房を殺したというのだ。泣きじゃくっていて話が分からぬので、すぐ黒田の邸《やしき》へかけつけてみると、万事分明になった。まったく蹴殺したものには間違いがない。何しろ黒田はヒドイ放蕩《ほうとう》家で、夜分なぞはほとんど毎晩のように出て歩いて、夜半でなければ帰って来ない。開拓使長官ではあったし、金にも不自由はしなかったものだから、新橋あたりに可愛《かあい》い奴がたくさんあった。始終酒と遊びに浸《つか》っていたのさ。そこへ持ってきてお神の腹は大きくなっておるので、なおさらその頃は遊びは烈《はげ》しかったに違いない。それで黒田の帰ったのを見て何とか言ったのだろう。黒田は何を言うんだぐらいで寝ていたところへ、お神が蒼蠅《うるさ》く云うから大きな声で叱《しか》ったのをこりずにクドクドとお神が何か言ったので、黒田は酒気に任して何だと怒鳴ったかと思うと、ドタンバタンと音がして、女房はキャッと言って倒れた。

黒田青くなる　倒れたっきり女房は黙っているから、起こして見ると、血を吐いて死んでいるので、黒田は青くなってしまった。この細かしい始末はその黒田の女房の妹が、すっかりおれに話したから、おれが一番よく知っている。おれが行って見ると、黒田は真っ青になっていて、女房は蒲団の上で血を吐いて死んでいる。早速医者を呼びにやったが、すでに縡《こと》きれていて手のつけようがない。それから友人たちを呼

びにやって、後の始末を相談することになった。（明治四十三年十月十八日）

世間の物議　そこで吉井友実《よしいともざね》が来る。外にも友人が来て、ともかくも始末をしなければいけないというので、医者を呼んで吐血して死んだという鑑定にさして診断書も書かした。そして、すぐそれを埋葬してしまった。大久保はその時留守であったが、騒ぎを聞いて帰ってきた。黒田の家《うち》は麻布《あざぶ》にあったが隣りや界隈の家に遠くないために、この夜の騒ぎは近いところへすぐ知れる。それからそれと噂《うわさ》が広まって、大した騒ぎになった。天下の大臣が酒を飲み女を買って乱れ、剰《あまつ》さえ妻女を蹴殺すとは怪しからんというので世間も八釜《やかま》しい。

ついに内閣会議　おれなどは盛んに憤慨した連中で、ついには廟堂《びょうどう》の内にもこれを不審としていろいろ議する人もある。そこで、ついに内閣会議を開くことに決した。その時分は内閣の主な相談は大抵岩倉《いわくら》（具視《ともみ》）公の屋敷でしたもので、あそこは大臣参議連中の寄合所《よりあいじょ》のようになっていた。その日もやはり岩倉の邸《やしき》で会議を開いた。議長の役目は三条《さんじょう》（実美《さねとみ》）公さ。そこで皆《みんな》が盛んに黒田の非行を譏《そし》った。今の大隈《おおくま》（重《しげ》信《のぶ》）さんも来ていたさ。伊藤《いとう》（博文《ひろぶみ》）もいた。伊藤などは盛んに憤慨した連中の一人で、ぜひとも黒田の女房の死骸《しがい》を発掘して事の真相を糾《ただ》さなければいけないというのだ。おれなどもその説ではあったが、会議には列せられぬから、岩倉の邸へ行って、会議の隣座敷から偸《ぬす》み聞きをしていたものだ、松平正直と二人さ。

司法大木は否認　スルと、その頃司法卿をしていた大木《おおき》喬任《たかとう》はこの憤慨説に反対して、いやしくも大臣の行動を法に照らして訐《あば》くというはよくない、もし悪いと思ったら自ら会って忠告するか、ただしは友人が個人として取り調べ、実際非行のあったものなら辞職させるなり何なりしたらよかろう、大臣を捉えて私行を内閣で裁判するような先例を作ってはこまる、況《いわ》んや大臣の妻女の屍《し》骸《がい》を発掘するなどは政府の威信に関するという説だ。すると、伊藤などは非常に激昂《げっこう》してしゃべる。随分烈しい議論が始まってなかなか結末はつかない。

大久保の一言　ところが、大久保はただ黙っている。始めからいるかおらぬか分からぬようだった。すると、三条公は、皆さんの意見は承ったが、内務卿はいかがです、黙っておられるようだが、御意見はいかがですと聞いたら、大久保はようやく口を開いて、「世間では大変八《や》釜《かま》しいそうだが、私には疑いがない。女房を殺した形跡はさらにない、どういう証拠からお調べなさる。私は全然不同意であるのみならず、黒田は私と同郷のものでかつ親友ですから、私は自分の身に引き受けて、そんなことのないことを保証いたします。この大久保をお信じ下さるなら黒田をもお信じ下されたい」と、ビーンと一言《いちごん》やった。おれなどは憤慨党の一人で、どう大久保がいうかと実は内々拳《こぶし》を握って待っていたが、この一言で、隣座敷にはいたが、冷《ひや》っとした。そして、「アアこれはもう駄目だ」と思った。

群議慴服《しょうふく》　今まで猛り立っていた参議連中も今の大久保さんの一言で一遍に黙ってしまった。議論屋の伊藤もすっかり黙ってしまった。大久保がこう出ては万事は駄目さ。そこで、三条公は「皆さん今の内務卿のお言葉に御疑惑はありませんか」と言われたが、ハハハハ、皆が疑惑はありませんと言って頭を下げたよ。偉いものだね。それから自然と世の中の黒田に対する議論が鎮圧されてしまった。こういうことは善いことか悪いことかはおれは知らん。けれども、大久保の友誼《ゆうぎ》に厚かったことと、威望の大きかったことは分かるだろう。(明治四十三年十月十九日)

監修者注　この黒田清隆夫人の死に関する話は、十月二十七日掲載の「14人を知るの明」の記事のあとで、記者の筆記に誤りがあったという理由で、全部取り消すとされている。

12　清廉なる公……千坂高雅

千坂高雅氏談

左は、千坂氏が大久保公に関する懐旧談の済みたるのち、記者の問うに随って答えられたものなり。

［記者］大久保公は金銭に対してはどういう風でございました。

［千坂氏］清廉潔白であった。自分の金を貯《た》めようの、子孫のために産を残そうのという気はさらになかった。あの点は西郷《さいごう》と似ている。現に紀尾井町《きおいちょう》の変のあったあと、調べてみると金はタッタ七十五円しかなかった。堂々たる内務卿《ないむきょう》がお前、今なら一番金の貯まる位地だが、それでいてタッタ七十五円しか金がなかったというのは嘘《うそ》のようだが本当だ。

［記者］それは兇変《きょうへん》が突然で、まだ子孫の計をなすに遑《いとま》のない時分であったからでは

ありませんか。

［千坂氏］馬鹿を言え、大久保はそんな男じゃない。潔白きわまる。それに負債は二万円ばかりあった。さらに愕《おど》いたのは、屋敷などの抵当に這入《はい》っていたことだ。それでいて小金は借りていなかった、大きな借金ばかりさ。今から考えると想像もつかぬようなことさ。

［記者］細かいことまでお尋ねするようですが、道具などはどうでした。

［千坂氏］道具はあった、支那へ行ったときもらってきた品物なんかもあった。自分で買ったものはあまりなかったろうが、珍品だからってもらったものなどが、それでも金に見積もって二、三万がものはあったろう。何にしてもあの金銭に対する清廉潔白は私は後世のお手本だと思う。伊藤《いとう》はあれを学ぶんだと始終言っていた。伊藤博文《ひろぶみ》は金をためる気はなかったよ。

［記者］政治家にとっては金銭よりは勢力の方が大切でしょうが、大久保公は勢力扶植というようなことはしなかったですか。

［千坂氏］金のことから考えても大抵は分かろう、そんなことは決してなかった。大久保が新政府をやるについて最も頭を悩ましていたのは、薩長土肥《さっちょうどひ》の連中が、各々自国のものを引き上げ合いをすることであった、この弊を矯《た》めるには苦心したらしい。

殊に薩から上げるのは、自然の勢いで仕方がなかったのだが、実は好んでいなかった。松田《まつだ》（道之《みちゆき》）や前島《まえじま》（密《ひそか》）やおれなどを上げたのでも分かるさ。そして、他国他藩の人にも腹心を置いて信用していたさ。それに較《くら》べる今の閥族《ばつぞく》はどうだ、平田《ひらた》（東助《とうすけ》）がよく行け行けというけれども、おれはあの門は潜《くぐ》らん。

［記者］貴君《あなた》も大久保公は怖かったですか。

［千坂氏］イヤモウ、こわくてこわくて堪《た》まらなかった、ハハハハ。何をいうても黙っておってのう。

［記者］公の死後は誰が偉いです。

［千坂氏］大隈《おおくま》（重信《しげのぶ》）さんだ。あれは偉い人だよ、何でも知っとるからのう。分からぬことがあると、おれは何時《なんどき》でも聞きに行くが、教えてくれる。百二十五まで生きられるそうだが、体はおれの方が達者だろう。

［記者］あなたはお幾つです。

［千坂氏］七十、顔だけは老人に見えるだろう。（明治四十三年十月二十一日）

13　西郷との情誼……千坂高雅

千坂高雅氏談

［記者］大西郷《だいさいごう》が乱を起こした時に、大久保が大西郷は一緒に出ていないと言って信じなかったというが、本当ですか。

［千坂氏］これは論がない、松平正直《まつだいらまさなお》に聞いてみたまえ、よく知っているから。大久保は西郷を信じていたどころじゃない。いよいよ模様が危ないらしいのに、大西郷は大丈夫だ大丈夫だと言っているので、すこぶる困ったものだ。初めて大久保にこのことについて意見を翻しに行ったのはおれだ。その頃、天子様は西京《さいきょう》へ御出《おいで》になっておられたが、内務の林友幸《はやしともゆき》が供奉《ぐぶ》していた。それで私《おれ》は大久保の前で、あんなヘッポコは間に合わぬ、速やかに貴方《あなた》がお傍《そば》へ上がって征討の軍をお出しなさらねばいけないと言った。大久保にこの時はじめてクサイ顔をされた。この時は松平正直も同道で行った。

そこで、私はなお切り込んで、「どうしても大西郷を信用なさるか、それでは実に困る、私学校はすでにあれだ。久光《ひさみつ》公は間違いはないが、西郷はあぶない。現に私《わし》の藩の上杉《うえすぎ》は王師に抗する気はなかったのだけれども、つい佐幕《さばく》に賛成したのはその隣の会津も仙台も庄内も上《かみ》の山《やま》も皆佐幕党だから、勢いに捲《ま》き込まれて止むを得ず佐幕党に与《くみ》したのだ。私《わし》の議論も行われずに、衝突して軍《いくさ》をした。あとになって時を見て私が一身に罪を引き受けて方針を変え藩論を定めたのだ。どうも勢いに捲き込まれては誰が何と思っても仕方がない。大西郷が乱に与するに違いないと言ったら、小人の心を以て大人物の心を忖度《そんたく》すると言われるかも知れぬが、大西郷はきっと私学連に取りまかれて手も足も出ぬに違いない、と私は信じる、この際、貴方も情においては忍びぬでしょうが、ぜひとも玉石ともに砕かねばならぬ」と言ったところが、大久保は殊の外不興であった。

松平正直は私《おれ》のとは少し穏やかな議論で、「この際は久光と西郷とを勅使で以て呼び寄せて、よくお上の思《おぼ》し召《め》しを領解《りようかい》させ、その上で桐野《きりの》(利秋《としあき》)、篠原《しのはら》(国幹《くにもと》)等を討つ方がよい、西郷を除《の》けておいてから討伐の命を下さぬと天下の大事になる」というのだ。私も声を荒らげて、「戦争というものはそんなものでない、私《わし》は自分で戦争してみて知っているが、薩摩《さつま》の今の暴徒の中から西郷だけを連れ出すなどは夢にも思い寄らぬ。久光公ならできるが、西郷は駄目だ」というと、大久保の顔色が普通でないので、松平がおれんとこをつくのだ。それで私は「この松平も私と戦《いくさ》をして逃げた奴です。戦のことはしてみたものでなければ分からん」と言って帰った。すると、五、六日経つか経たぬに、西郷の出たことは定《き》まった。それで、大久保は私《おれ》に感謝しました。前島《まえじま》（密《ひそか》）の世話で船を廻《まわ》して西京へ行くことになった。すると、石川県の方でも乱が起きたので、大久保は私に行けというので、私は宅へも帰らずと、すぐ石川県の方へ出発した。この時の大久保の西上は、よくよく決心した上のことであった。

数日来連載中の千坂氏の談話中、琉球《りゅうきゅう》より賄賂《わいろ》を取りて免官となりしを松田道之と記せしがこれは誤り。
また、黒田《くろだ》の件にて岩倉邸内閣会議に千坂氏と隣室に偸《ぬす》み聴《ぎ》きせしは松平正直と記せしが綿貫小警視の誤りにて、全く記者の記憶違いにつき、正誤す。
（明治四十三年十月二十二日）

千坂高雅《ちさかたかまさ》　一八四一（天保十二）年～一九一二（大正元）年、米沢藩家老。戊辰東北戦

争の際に奥羽越列藩同盟軍の米沢藩総督となる。廃藩置県後、養蚕製糸調査のためイギリス、イタリアに留学。一八七五（明治八）年内務省に出仕し、翌年内務権少丞に昇進し大久保内務卿の側近に登用された。石川県、岡山県の県令を歴任。貴族院議員。

14　人を知るの明……前島　密

前島密男爵談

大久保公の話は始終面白く読んでいる。一番初めに出た私《わし》の話は匆卒《そうそつ》の談話ではあり、断片的だから今少しお話したいと思うし、それに先日来掲載の話の中《うち》で、松田道《まつだみち》之《ゆき》が大久保さんから免官されたことなどが書いてあって、あれは事実無根と思うから、それに関連してその時の事情も話しておきましょう（この時、記者は松田道之と記せしは、談者千《ち》坂高雅《さかたかまさ》氏の誤謬にあらで、記者の記憶の混淆《こんこう》より誤り記せしを語る）。

そうだろう、私も変だと思って千坂君に問い合わせると、あれは全く伊地知貞馨《いじちさだか》という人の間違いで、記者が聞き違えて書いたのだろうということであったが、全くそのとおりで、松田道之という男は免官になったこともなく、永らく琉球《りゅうきゅう》のことには関係し、使節として談判にも行ったが、これは全く大久保が松田の清廉と技倆《ぎりょう》とを見込んでやらしていたので、伊地知の間違いに相違ない。のみならず、この松田のことを話すについても、大久保公の人を見るの明《めい》があり、清濁曲直を洞察するに早くて確かであったことが憶《おも》い出されるほどに、松田は清廉な男であった。

松田は大津県（今の滋賀県）の県令をしていたが、明治四年であったか、地方官会議を開いた時に出て来た。その時分に松田の弁力、頭脳、技倆は大久保の眼鏡《めがね》にはただちに明らかに映っていたと見えて、明治八年には内務大丞《ないむたいじょう》になって入って来た。そして、大久保公はこの松田のどういう点に信任しておられたかというと、松田の清廉とその人物を識るの明があるというにあったらしい。それは、その頃酒井明《さかいあきら》という男があって、まだ若い者であったが、松田が大津県の属官にして使っていた。それがにわかに奏任《そうにん》の権参事《ごんさんじ》に引き立てられたことがある。私《わし》は松田に非常なことをやったなと言ったら、松田はあの男は最初試験のためにとった男だが、大層出来がよいし見込みもあるから、大久保内務卿《ないむきょう》に話したところ、君が見てよいと思うならよろしいということであった。その約束があるので今度抜擢《ばってき》する時に、内務卿に話すとよろしいと言われたと話した。

これで見ても大久保さんの松田を見込んで、この人に腹心を置いていたことが知れる。酒井明は果たしてなかなかの人物で、後には名東県《めいとう》（今の徳島県）の県令になって令名を顕わしたが、明《あきら》でありながら不幸にして明《めい》を失って歿しました。その外、松田の推挙した人で、大久保に用いられ知事や県令や重要な位置に上った人はたくさんある。大久保さんは信用するとこれくらいに人を用いた。伊地知は鹿児島人で公のごく親しいものであったが、これを断然免官にしたところなど、公の峻厳《しゅんげん》な面目を見るに足るものがある。

千坂氏の談話中、黒田開拓使長官の夫人に関する件は、記者の筆記に誤りあり、ここに全部を取り消す。

（明治四十三年十月二十七日）

15 大久保公余談……小牧昌業

小牧昌業氏談

大久保公の話をしたについて、後にちょっと申し上げておきたいのは、黒田《くろだ》（清《きよ》隆《たか》）開拓使長官のことについて、公と関聯《かんれん》して先日のこの紙上に出ていた話がある。なんでも黒田が妻君を蹴殺《けころ》したために時の参議《さんぎ》連中の会議があって、大久保公は黒田を庇《かば》ったというような話が出ていたが、これで見ると大久保公が曲庇《きょくひ》をされたように見ゆるけれども、私の記憶によると事実が違っているようだし、大久保公もまたよく調べもせずに友人を曲庇するような人ではないと思う。

黒田の夫人の死んだのは十一年の三月の中旬頃と覚えているが、死因は肺病であった。黒田はその前年の西南《せいなん》戦争の時に八代《やつしろ》の背後の攻撃をやって、まだ城山《しろやま》の陥落せぬ前に内命を奉じて大阪まで出て来た。城山の陥落が九月の二十一日と覚えるから、それより前で九月上旬でもあったろうか、その頃黒田が旅から帰ると、夫人が肺病だと医者がいうので困ると言っておられた。だから、夫人は短く見積もって前年の九月から三月まで七ヶ月はコットリ疾《わずら》っていたに違いない。

主治医は軍医総監の戸塚文海《とつかぶんかい》であった。今は戸塚がおらぬから分からぬけれども、死ぬ少し前からは始終床を布《し》いていたらしく、私は開拓使にいたからよく公務で黒田さんを訪問したが、いつ行っても妻君は出て来て茶などを出されたが、死ぬ少し前からさっぱり接待などに出られなかった、なんでも急に悪くなって血を咯《は》いて死なれたらしい。

その頃、開拓使の事務所は北海道にあったので、出張所が芝《しば》の山内《さんない》にあった。出勤は九時であったが、出勤するとすぐ、夫人が今亡くなられたという知らせが来た。すぐ市兵衛《いちべえ》町のお宅へ悔みに行ったが、市兵衛町から山内まで来る使いが一時間かかるとしても、七時か八時に死なれたものに違いない。現に私が行った時、入れ違いに戸塚文海の帰るところであったが、こう急とは思わなかったと言っていたのを覚えている。こうしてみると、朝に死なれたので夜半に蹴殺すなどいうことはあるべきはずがない。

妊娠《にんしん》していたのを蹴ったというように書いてあったが、それは何かの記憶間違いであろう。もっともそれから二、三年前《ぜん》に夫人が流産をされたことがあったが、その記憶の混淆《こんこう》かも知れぬ。しかし、噂《うわさ》は一時高かった。それが今から考えるとだんだん悪くなって衰弱して死んだのでなく、俄然咯血《がぜんかっけつ》して死んだのだから、出入りの者か何かが、二、三日前《まえ》は庭を歩いておられたのに咯血して死なれる訳がないと想像したくらいに始まったものらしい。あの時は、大久保はよく人に調べさせて、証拠を持った上で弁護されたのだ。（明治四十三年十一月二十六日）

監修者注 この小牧昌業の談話は、新聞では本書「29北京談判中の公」の次に掲載されたものであるが、14の前島密の談話とともに新聞掲載の順番を改めて、ここに掲出した。

小牧昌業《こまきまさなり》 一八四三（天保十四）年〜一九二二（大正十一）年、薩摩藩士。藩校造士館教員。一八六九（明治二）年に新政府に出仕、一八七一年、香港に留学し英語を学ぶ。漢学と英語に通じていたことにより、大久保利通の北京談判に随行した。開拓使書記官、内閣書記官長、奈良県知事、帝国博物館長等を歴任。貴族院議員。

第二部

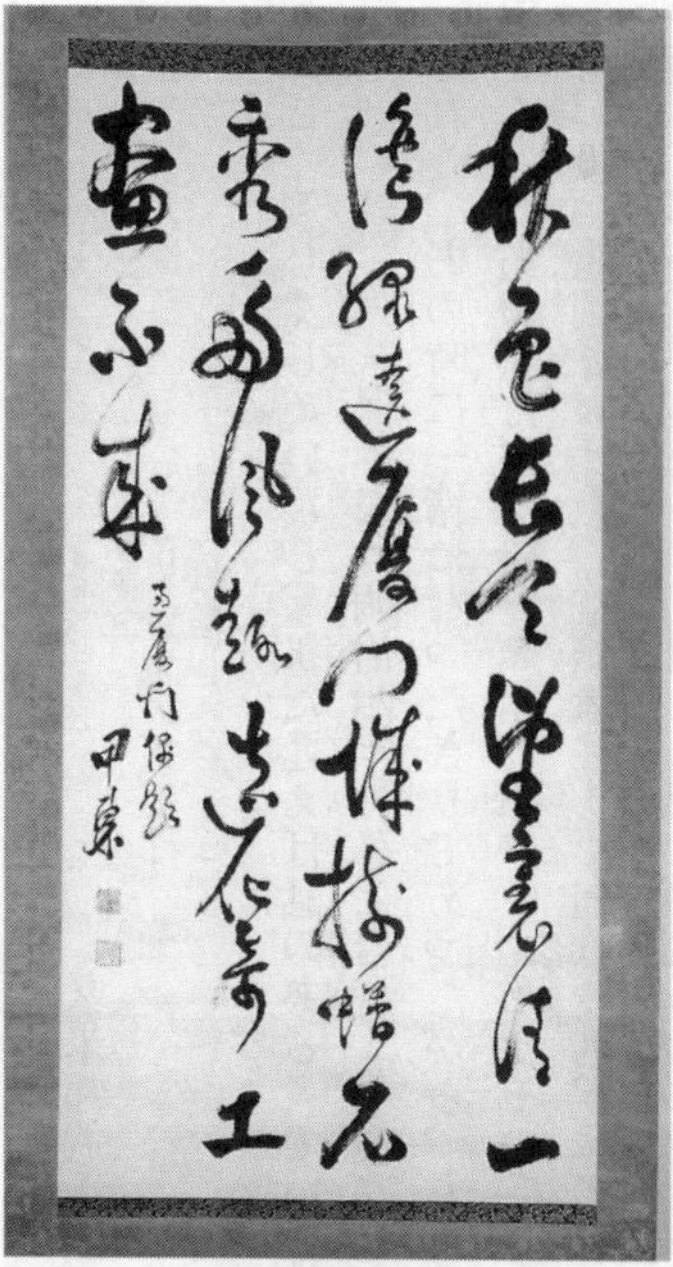

大久保利通の筆になる書幅
（大久保家所蔵）

16　洋行中の公……久米邦武

久米邦武氏談

（一）

木戸《きど》（孝允《たかよし》）さんは私はごく親しくしていたし、また逢えば話のある人でいろいろ話を聞きもしたから逸話も多いが、大久保さんは明治四年の暮に岩倉《いわくら》（具視《ともみ》）大使が欧洲へ行かれた時に随行された、あの時に一緒になったきりであったから、あまり話がない。もっとも大久保さんとはあの旅行中は始終一緒であった。私はその時分鹿児島人の杉浦広蔵《すぎうらひろぞう》（弘蔵とも。後に畠山《はたけやま》といった。監修者注―杉浦は変名、本名は畠山義成《よしなり》）という男と同じ役目で、何事も二人は一緒にしていた。畠山は大久保さんには愛された人だが、なんでも鹿児島の門地のある人とかで、ごく素直《すなお》な人であった。その後《のち》長らく彼地《あちら》に遊学していたが、随行中はいつも私と一緒だった。その時分の彼地の滊車《きしゃ》（汽車）は一つの車輛《しゃりょう》が六人ずつ這入《はい》るようになっていて、私どもの乗っていた車の中には岩倉大使に大久保さん木戸さん、それにやはり副使として山口尚芳《やまぐちしょうほう》《なおよし》さん、この四人と私と畠山の二人、合わせて六人であったが、洋行中はこの六人はいつも一緒であった。

ナニ、伊藤《いとう》（博文《ひろぶみ》）副使？　ウム、あの人は同じ車でなかった。いつでも伊藤さん一人《いちにん》は別だった。副使ではあの人一人がこの中からはずれていたが、一ツは福地《ふくち》（源一郎《げんいちろう》・桜痴《おうち》）だの何だのという若い連中で手におえぬ奴らがいたので、あれらを操縦するのは伊藤さんだけであった。なにしろ大久保さんが恐ろしいので、途中でも宿へ着いてからでもあまり福地なんかは傍《そば》へは来なかった。今の林《はやし》（董《ただす》）伯なども伊藤さんたちと一緒だった。それに伊藤さんはなかなかの色師で、福地なんかと一緒に美人でも探していたのだろう。伊藤さんでも大久保さんはよほど煙たかったに違いない。私どもはこういう風で大久保さんとは縁は深かったけれども、なにしろ大久保さんは無口な人で、瀛車の中でも始終煙草ばかり吹かしていた。馬車に乗って見物する時でも、皆《みんな》が珍しがって何とか彼《か》とか言っても大久保さんは葉巻煙草をプカプカと吹かして黙っていた。大久保さんの煙草のみは非常なもので、大久保さんが瀛車におると、外から戸を開けて這入った時、煙が濛々《もうもう》としているくらいだった。だから、瀛車でも岩倉さんと木戸さんとは盛んに何か話をするし、私と畠山と話している処《ところ》へでも木戸さんはすぐやって来て議論をするという風であったが、大久保さんはただニコニコと笑って黙っていた。ニコニコ笑うといっても、大久保さんの笑い振りはどこか親しげな微笑が浮かぶのみで、そう愛想笑いをするのでもなく、ただなんとなく打ちとけた笑い方で、恐ろしい中にも心から信頼のできる親に対するような気持ちがされた。（明治四十三年十月二十三日）

（二）

洋行中に公の口を開いたのは数えるほどしかない、それほど公は無口であった。チェスターで、ある貴族の家《とこ》から招かれて行った。その晩はそこで一泊したが、なかなかの豪家であった。私は公のすぐ側のテーブルに腰かけて晩餐《ばんさん》の馳走《ちそう》になっていたが、この時に一遍口を利いた。食事にはその家《うち》の令夫人も出てきて岩倉公にも挨拶《あいさつ》したり、いろいろ世辞を言って愛嬌《あいきよう》を振り撒《ま》いていた。その時にトロマンヤという人の令夫人が岩倉公に羊の肉と牛の肉とどちらがお好きですかと尋ねた。岩倉公が「どちらもようございます」と答えられると、令夫人は重ねて「いつから肉をお食《あが》りでございます」と訊ねた。岩倉公はこのたびの洋行以来始めて肉食をしたという話をされると、令夫人はまた「羊の肉というものは私も初めは食べませんでしたが、あれは始めていただく時には全く変な臭いがして、気に入らないものでございますが、貴方《あなた》はどんな感じをなさいました」と訊ねた。そうすると、私の側にいた大久保公はこの時ソッと「だんだん詰問が六《むつ》かしくなってきよった」と一ト言しゃべった。岩倉公は真面目に「始めの内は変であったが、今ではもう平気です」と答えておられた。大久保公がこんな風の口を利かれたのは、洋行中はこれ一度ぐらいのものであったと言ってもいい。

洋行中に大久保さんに口を利かせようとして種々《いろいろ》な悪戯《いたずら》をたくらんだ者もあったが、いよいよ大久保さんの前へ出ると威厳に打たれてなんともできなかった。私は知らないが、なんでもエジンボロで薩摩《さつま》の何とかいう人が、大久保さんに一つダンスを行《や》らそうと言って計企《たくら》んで、宴会に引っ張り出したことがあるそうだ、その時には娘か何かにどうかあの大久保という人と踊ってくれないかと懇々頼んだので、娘が引きずり出すと、大久保もとうとう立ち上がって踊ったそうだ。私は見なかったが、大久保公生涯の珍事であろう。（明治四十三年十月二十五日）

（三）

帰途《かえり》であったか行きであったか忘れたが、バーミンハウに行く時であったと思う。

例の六人乗りの車に毎時《いつも》のとおりの連中でいると、大久保さんが端《はし》なく感慨を洩《も》らされたことがあった。大久保公は常に無口であったが、ただ黙って国家の事をのみ考えておられたものと見えて、口を開けば多くは国事に対する感慨であった。それも滅多にしゃべらるるようなことはなく、洋行中に私の聞いたのが二、三度あったように思う。それも実に短い断片的のものであったが、バーミンハウに行く時の瀛車の中《うち》では、突然話に「私のような年取ったものはこれから先のことはとても駄目じゃ。もう時勢に応じんから引く方じゃ」とこれだけ言われた。

鎖国攘夷《じょうい》の夢がやッと破れた日本から、急に欧洲の文物を見て応接ごとに愕《おど》いたために、国事の前途を憂うる公にはいろいろの感慨が胸中を往来したことであろうが、この言葉を洩らされたから見ても、公の心持ちがよく分かるような気がする。そこで、私は「それはどうもアベコベではありませんか。今日のわが邦の政治の中心になっておるものは、西洋でボーイと言わるるような若いものばかりでやっておるが、西洋諸国ではこれに反しておる。英国は今御覧のとおりだし、スコットランドではジョッチンはわざわざ白髪の鬘《かつら》を冠って朝廷にのぞむというくらいで、国内でも外国でも年輩の人でなくては国民が敬意を持たない。まして閣下の如きはこれからで、肝《かん》腎《じん》の仕事をしていただかねばならぬお年です。もし国へ帰って閣下がお退《ひ》きになるようでは、この進歩の時代に当たって、いつまでもボーイの政治をやっていなければならぬから困ります」というと、公は「財務はどうする」と言われた。問いが突然で意味は分からなかったが、多分話を逸らされたので意味はなかったのだろう。すると、先ほどからこの話を聞いていて口を出しかけておられた岩倉公は、この突然の大久保の言葉に拍子を抜かれて「ナニ財務？……イヤ久米の説が本当じゃ。今、年輩の者が退《ひ》くのは道理じゃない」と言われたが、大久保公は堅く唇を結んで再び言われず、とうとう私と岩倉公との話になってしまった。

こういう調子でよほどの用事でなければ話されず、話しても大抵は人の説を聞いていて、最後に「よろしい」とか「それだけですか」とか言われるくらいで、全く高橋《たかはし》新吉《しんきち》さんの談《はなし》のとおりであった。（明治四十三年十月二十八日）

（四）

大久保公は洋行中において帰国して後は、国政を後進かもしくはその他の人に譲って自分は引退するつもりでおられたことは、いろいろのことから考え合わされるが、こういう心持ちでおられたことはすでに話した感慨の言葉の中《うち》にも見られるし、またその後次の如きことを言われたことがあったにも知られる。

何の話の末であったか、感慨の面持ちをして、「自分は幕府を倒して天皇の政府になそうと考えた。そして、その事業もほぼ成って我々のやることだけはやった。しかし、後はどうも困る。こうして西洋を歩いてみると、我々はこんな進歩の世には適しないシビリゼーションには全く辟易《へきえき》する」ということであった。これで見ると、この世の中は後は人に譲ってしまうつもりでいられたらしい。

これとは少し意味は違うが、和蘭《オランダ》へ行った時にこういうことを言われた。それは、公が「日本へ帰れば、誰でも人物は自由に任せて、役人には引き留めておかぬつもりだ。自由に職業をさせることにしよう」と言われたから、私が「お引き留めにならなくても皆《みんな》が役人になりたがるでしょう」と言ったら、公は笑って「それはお前は知らぬのだ。ナアに、随分無理に引っ張ることがあるんだ」と言われた。意味はいろいろに取れようが、公の新時代の政治に対した個人としての心持ちや西郷《さいごう》のことなども考え合わされる点がある。

高橋新吉さんの洋行中の公の話の中に、大久保公だけが西洋人と相対して威厳から何から遜《ゆず》るところなかったように記してあったが、あれは話の勢いであ書いたのだろうが、実は、岩倉、大久保、木戸の三人は、いろいろの点において西洋人は感心していた。人格は三人とも褒められていた。ある西洋人は彼ら三人だけは日本人の中で頭だけ上に出ているのであろうと言っていた。また、その頃仏国の大統領をしていたチエールは、ある会食か何かの席上でシキリと岩倉公の顔を眺めていた。さも感服したらしい面持ちをして、長らく岩倉公の顔を凝視していたことがある。なにしろこの三人は洋行中は西洋人に対して十分尊敬の念を起こさせたのである。（明治四十三年十月二十九日）

（五）

今話したような風で、大久保公はすこぶる寡黙な人で、洋行中でさえしゃべられたことは数えるほどしかないくらいであったが、一度英国公使のパークスと衝突されたことがあった。薩摩の人は一体が気が暴《あら》い方で、自分たち同士では随分口論の末に撲《なぐ》り合いもする。しかし、他国他藩の人に対してはそういうことはあまりないようである。大久保さんもあの頃薩摩人の中で若い頃から嶄然《ざんぜん》として頭角を顕《あら》わしたほどであるから、随分気象も烈《はげ》しい方であったには違いない。大久保公が人を撲ったり蹴《け》ったりされたことは聞きもせず、また藩にいる頃からでも身分ができてからは為《せ》られもしなかったろうが、一朝物が間違うとそれくらいのことは平気でやる方の人であったろう。もっとも英国公使のパークスと衝突されたのはそんなのではなく、ただ大久保さんの一度言い出したことは決して後へは退《ひ》かぬ気象がよく分かる一例に過ぎぬが……。

岩倉公がはじめ欧米視察に行かれてから以来、パークスは種々《いろいろ》と便利を計ってくれ、殊に異国を廻《まわ》る間は、到る処《ところ》の製造場とか寺院博物館から山水その他官衙《かんが》などを見る場合、ほとんどパークスが案内をした。案内して廻って万事自分のことのように世話をした。チェスターの鉱鉄の製造所を見に行く時もパークスの案内であったが、皆《みんな》が同道でその製造所長のカメロという人の家《うち》に泊まることになった。ホテルに泊まったのでなく個人の利害のことだから、パークスも両方へ気を兼ねてしきりに心配して斡旋《あっせん》をした。その時にパークスは公の随行の書生になんでも荷物を担いでどこかへ持ってゆけとか何とか言ったものと見える。ホテルでないものだからなるべく主人側に世話をかけまいとして言ったのだろう。ところが、書生は持てないという。パークスは持てと言う。そんなことから双方が言い募って、書生の方の言葉が例の薩人ではあるしやや矯暴《きょうぼう》なことを言ったのだろう、そこで両方が相譲らずだんだん八釜《やかま》しくなって喧嘩《けんか》になったが、パークスは折れて自分で荷物を運んだ。けれども、その書生に対する憤怒は大変なもので、大久保公に対してあの僕《しもべ》は無礼な奴だから帰せと言い出した。大久保さんは黙っておられたが、パークスはなかなか言い逼《せま》って聴かない。

しまつにあまりパークスが逼ったので、公はついに「それでは私も帰ります」と言った。これには外のものも愕《おどろ》いたが、パークスも周章《あわ》て、貴方《あなた》がお帰りになっては主賓の一人《いちにん》を失うのだからそれは困るという。しかし、僕を帰すならば私は主従だから行動を共にすると言って、言い出したら聴かぬ人であったから、引き止めるに大騒ぎをやった。ついにパークスの方から折れて事は済んだが、随分六《むつ》かしかった。大久保公の利かぬ気はこれでも一般は知れるだろう。（明治四十三年十月三十日）

17　大久保公雑話……久米邦武

久米邦武氏談

岩倉《いわくら》（具視《ともみ》）、木戸《きど》（孝允《たかよし》）、大久保の三人は、西洋人もその骨格からして外の人とは違うと言っていた。私は骨相学上のことは深く知らぬが、この三人は他の人々とは骨相が違っていたものらしい。

政治家としては、この三人に較《くら》べると、西郷南洲《さいごうなんしゅう》は一段下ると見ねばならぬ。征韓《せいかん》論《ろん》のことや西南《せいなん》戦争のことを論ずると、西郷の心事もよく分かるだろうが、今は長くなるから止める。至誠という点においては偉大であったろうが、実際の政務という点では大久保らの比ではない。

岩倉、大久保、木戸の三人の政治上の優劣を比較せよと言われると困る。岩倉公は偉かった。維新の革命の原動力はあそこから出ている。木戸には私はごく親しくしていたからよく知っているが、これも人物であった。無論政務の上でも偉かった。大久保さんは私は洋行中一緒であったのと、帰ってから少し逢ったぐらいだから、あまり深くは知らぬ。

先ほど話した大久保さんたちが薩人《さつじん》の仲間では靴で蹴《け》ったり、取っ組んだりしたことがあるというのも私は直接《じか》には見もせぬが、たしかに薩人仲間ではあったらしい。木戸は薩人ではないが、木戸でもやったからね。

大久保さんという人の印象で私の頭脳に残っているのは、ただその親しげなニコニコした笑い顔、それも狃《な》れがたいところはあったが、なんとなく打ちとけられた。それと例の黙っていて一、二語で話が分かる点、シガーの煙をプープーと吹いていた姿である。

娯楽は碁であった。岩倉も木戸も三人とも好きであった。船中でもよく打った。大久保さんは煙草好きだから、碁を打っていて煙草の火で着物を焼いたことがあったくらいだ。好きなことは大久保が第一等で、強さは岩倉、大久保の相違は知らぬが木戸が一番弱かった。

部下に対して？　ウム、それは無論親切な人であった。洋行から帰っては来たが、我々は家がなかったさ、長い間一緒に居た畠山《はたけやま》（義成《よしなり》）とも横浜で分かれたが、畠山も家がなかったので大久保公の家にいた。私も畠山のところへよく遊びに行った。書生部屋で二人が話をしたり議論したりすると、傍らへ来て大久保さんはよく黙って聞いておられた。別に喙《くちばし》を容《い》れるでもなく、シガーを吹かして聞いていた。なんでもこの畠山には後に家を建ててやったことがある、親切に世話をしたらしい。

国家の教育事業には公はすこぶる意を用いておられたらしい。畠山が主としてこの方面の実際に当たって尽力していた。私などにも畠山はよく相談したが、何か相談して案を作って大久保さんのところへ持って行くと、「ウムそうやれ」とだけ言われたようだ。狭い家《うち》だったから私が畠山の部屋にいるとよく聞こえた。（明治四十三年十月三十一日）

久米《くめ》邦武《くにたけ》　一八三九（天保十）年〜一九三一（昭和六）年。佐賀藩士。藩校弘道館で大《おお》隈《くま》重信《しげのぶ》等と学ぶ。江戸に出て昌平坂学問所に学び、帰国して藩主の近習となる。一八六九（明治二）年に新政府に出仕し、岩倉全権大使一行の随員となり、紀行編輯掛を命ぜられた。大使岩倉具視が久米の学識を認めて推薦したことによるという。帰国後『特命全権大使米欧回覧実記』を完成した。帝国大学文科大学教授。実証的歴史学の基礎を築いた歴史学者。

18　海外にて見たる公……佐藤　進

陸軍軍医総監医学博士男爵佐藤進氏談

（一）

他事を以て一日佐藤老博士を駒込《こまごめ》妙義坂の邸《てい》に訪問したる際、談次端なくも目下連載しつつある「大久保公」の記事に渉り、老博士は「老生《わたし》は大久保公とはこれぞとした取り立てて云うほどの交際はないが、明治の初年に伯林《ベルリン》のホテルロームで一回、明治九年に霞ヶ関なる公の私邸で一回、明治十年京都三本木の木戸公の別邸で一回、以上三回の面接に過ぎぬのである。この頃報知紙上に連載されている公に関しての諸君の談話は、かつて老生の胸中に画《えが》いた公の性格がよく現われているので、畏敬と趣味との二方面からして日々愛読している」と語り出でられた。拙者《わたくし》はその記事の担任者ではありませぬが、お差し閊《つか》えなくば公に関した博士《せんせい》のお談話《はなし》を承りたいものですとの記者の請いに対して、老博士は大久保公を中心に大要次の如き物語を試みられた（一記者）。

老生《わたし》の独逸《ドイツ》に留学したのは明治二年であって、明治政府になってから独逸《あちら》に留学した元祖と云《い》ってもよろしかろう、それ故、海外旅行券は第一号であった。もっともその少し前にいわば脱藩的に青木《あおき》君（周蔵《しゅうぞう》子爵）外一両名往《い》っておられた。例の岩倉《いわくら》（具視《ともみ》）公を大使に木戸《きど》（孝允《たかよし》）、大久保両公を副使に亜米利加《アメリカ》始め欧羅巴《ヨーロッパ》諸国を訪問された砌《みぎり》は、従来《それまで》世界に名前も知られなかった日本も、この一行の服装その他動作《ふるまい》などが半ば奇聞的に欧米の新聞紙上に紹介されたために、徐々《そろそろ》と彼《か》の国人の耳に「日本」という名称が響きわたり、かつ一行はほとんど珍奇を以て彼《か》れ国人の注目するところとなったのだ。

一行の伯林《ベルリン》に来られた時は留学後まだあしかけ三年にしかならなかったので、老生には充分に彼地《あちら》の新聞が読めないためどういうように紹介されてあったか分からずにしまったが、つい近来《このごろ》古い書類を整理中たまたま発見した一行が米国で撮影した衣冠束帯の古写真を一見し、そぞろに当時のことども追懐せられ、なるほどこれでは……と思わず吹き出したぐらいであった。衣冠束帯は吾人《われわれ》日本人の眼には立派に見えるのであるが、日本の国情に少しも通ぜぬ始めての外国人の眼に珍奇に映ったのはもっとも千万な次第であろうヨ。

しかし、訪問を受けた各国はいずれも一行を優遇したことと思われる。現に伯林訪問の時の如きは、普仏戦争以前で聯邦《れんぽう》が成立せぬ時代であったので、主人役たる普国《プロイセン》王室は旅館としては伯林第一流のホテルロームを撰定《せんてい》し、かつ旅館には一行乗用として、恐れ多いがわが邦ならば陛下の御乗用とも申すべきほどの、二頭立ての立派な馬車を差し廻されてあった。一行着匆々《そうそう》待ち兼ねの体《てい》で当時一介の留学生たる老生は大久保公をホテルロームに訪問した。これは自国の大官に敬意を表せんためでなく、父の尚中《しょうちゅう》（佐藤尚中《さとうたかなか》）から用件を附してぜひとも大久保公に御面会いたすようにという書状が到着しておったからである。（明治四十三年十一月一日）

（二）

旅館に参ってちょっと見受けたところで伊藤《いとう》（博文《ひろぶみ》）公始め田中光顕《たなかこうけん》、福地源一郎《ふくちげんいちろう》なんどいう随員の諸君《かたがた》はいずれも表座敷の陽気なところにおられたが、大久保公はただ一人ずっと奥まりたる静閑な一室に起臥しておられ、老生《わたし》もその室《へや》でお目にかかったのだ。公の風丰《ふうぼう》は他諸君の談話《おはなし》にも尽くされてある如く、眼光炯々《けいけい》として鋭く輝き、頬《ほお》より頤《あご》にかけて漆黒なる髯《ひげ》を厳《いかめ》しく垂れ、一見人をして覚えずその権威に畏敬の念を懐かしめ、加之《しかのみならず》寡言沈黙いやしくも口を開かざるため、善く言えばますますその権威が加わり、悪口をするとなおなお窮屈と畏怖《こわさ》が増すのであった。

一トとおりの挨拶《あいさつ》が済むと公は父よりの依託《いたく》なりとて、一個の箱を老生《わたし》の目前に差し出された。桐材で以て丈夫に作り上げ黄青《きあお》の緒《お》で鄭重《ていちょう》に結ばれてある点から考えると、どう見ても銀製もしくは陶磁器製の花瓶《かへい》としか思われない。父からはただ品物を御依頼申したとのみ云ってきてその品質品名については何ともない。公は別に何ともおっしゃらなかったが、その相貌から考えるとやはり老生同様に先生へでも贈るための国産の花瓶か何かと推測され、せっかく遠国まで持参して遣わしたその品物の無事かどうかを御覧になりたい容子《ようす》に見受けたからちょっとお断りいたしてその箱を開いてみたところ、なんぞ図らん、それが一個の髑髏《どくろ》であった。これにはさすが物に動ぜぬ沈毅の公も、心中聊《いささ》か一驚を喫されたではないかと思う面色《おももち》であった。これには次の如き理由の存在したことで、その理由を公に説明したのである。

解剖学の大家として斯界《しかい》に畏敬されている伯林大学の解剖学教授ライヘルト氏の老生に言わるるには、解剖局や博物館には世界における各人種の頭蓋骨《ずがいこつ》の標本は概《おおむ》ね備えつけられてあるが、遺憾なことには日本人のだけはまだ求め兼ねている。君の力でそれを本国から取り寄せることができるならば、実に解剖学進歩のため一大貢献となる次第であるからぜひ斡旋《あっせん》してはくれまいか……との切なる依頼を受けた。しかし、考えてみると、佐倉の順天堂に各藩の医術研究の人士の集まってる当時《ころ》に、数人申し合わせほとんど命がけの態度《ありさま》で以て暗夜窃《ひそ》かに墳墓を発掘して得た一個の髑髏をば、外間《よそ》に知れぬようコソコソと持ち廻りて研究したことを想い起こすと云うと、それからまだいくらの歳月の経たない明治の初年に、日本人の髑髏を外国に取り寄せるなんどということは果たして仕了《しおお》せるかどうか実に一大疑問であったが、老生《わたし》一個の考えとしても解剖学の研究上、最も必要な材料に相違ないのであるから、その事由を具して父尚中に申し送ったのが、すなわち大久保公への桐箱入り髑髏の依托の結果となったのである。公にも明かさず老生にも申し越さずにおいた父の心には何か思案があったに相違ない。

談《はなし》は前後《あとさき》になるが、伝え聞くところに依れば伯林滞在中の随員諸君は一夜も旅館に眠ったことがなく、かつ大久保公をばよほど煙たがったものと見え、座敷割りはなるべく公と遠ざかるように工風《くふう》されてあったとのことである。（明治四十三年十一月二日）

父の書状に岩倉大使の健康診断云々の申し付けもあり、伯林に到着された時も発病のため蓐《とこ》に就いておられたように記憶される。それに大久保公もかつて父尚中の診察を受けおりしを以て健康診断を受けたいと云《い》うので、翌日再び旅館を訪問し、普国王室から差し廻されてある例の立派な二頭立ての馬車に両公に陪乗し、内科の名家フレイリヒス氏方に参った。フ氏の邸《てい》は公園の中に在《あ》ってその建築もすこぶる堂々たるものであったため、両公は先ずその外観に驚かれたと見え、寡言沈黙な大久保公の口からして「医者もこれくらい立派な門戸を張るだけの大家にならなくてはいかんぞ」との教訓を洩《も》らされた。「医者坊主奴《め》」なる軽蔑《びそ》の裏《うち》に蠢動《うようよ》していた日本旧時の医者観からして、この堂々たる日進医学の鼻祖たる独逸《ドイツ》諸大家の邸宅に接した以上、覚えずかかる嘆声を発されたのも実以て無理ならぬ次第である。(明治四十三年十一月三日)

19　公正なる大久保公……佐藤　進

陸軍軍医総監医学博士男爵佐藤進氏談

老生《わたし》は明治八年に帰朝したが、その翌年すなわち明治九年のある日に、本所で開業している知人の医師山本某《ぼう》が尋ねて来られて、松林伯円《しょうりんはくえん》の伜《せがれ》が目下重患に陥っておってとても恢復《かいふく》の見込みはありませぬ。そこで父の伯円の申すには、伜はどうせ死ぬに決まってる、せめてものことにその屍体《したい》を解剖用に進じましたなら、多少医学界の研究のお利益《ため》にもなって、それがかえって功徳になるかも知りませぬ故、しかるべき医学家《せんせいがた》に御相談を願いたいとのことでありますから、伯円の志を御酌量《お》あって先生にその解剖をお願いいたしたいですとの談合《はなし》であった。

老生は山本が年来伯円方を病家としている事情も知っており、伯円も知っており、また伯円の伜の助からないことも知っておった。伯円は当時《そのころ》東京第一流の有名な講釈師であって、ただその芸道において名高いばかりでなく、いわゆる江戸っ子肌で義侠《ぎきょう》に富んでいるところから伯円の名は一層世間に香《かんば》しかった。山本の談合を受けた老生は芸がこうの、義侠心があのといったところで、いわば市井の一芸人に過ぎぬではないか、伜の重患に心も乱れ死んだ上のことなどに考えの及ばないのがむしろ万人にありがちの人情であろう。また、仮に死んだとしても、生けるが如き鄭重《ていちょう》の取り扱いをなして葬るのが常であって、よしんば病体解剖の医術の進歩に大貢献あるという事実を呑《の》み込んでおった学者先生にしたところが、その伜や娘の屍体を解剖用に捧ぐるなんどいうことは尠《すく》なくとも明治の八、九年頃には思いも浮かばぬ次第であった。

しかるに、市井の一芸人たる松林伯円は、普通万人の俗情から脱離超越して、時勢にあり得べからざるこの美挙と思い立ったのはいかにも称すべきことで、しかも吾人《われわれ》医学者の側からしては大いに尊敬を払わなければならないと、つくづくと伯円の優れた志に感じ入った。かつ病体解剖の件に関しては、積年深く考え込んでることがあったため、なおなお伯円のこの志を多としたのである。かかる訳合いであるから委細承知いたしたと快く引き受けて、日の経たない内にその解剖の手続きについて東京府庁に出願に及んだ。ところが、幾日経っても幾日経ってもトンと消息がないので、たまには府庁を訪問させてみても一向に要領を得ない。当時《そのころ》の府知事は楠本正隆《くすもとまさたか》で、内務省で医事衛生の事務を主管しておったのは長与専斎《ながよせんさい》であった。ほのかに聞くと、屍体解剖の必要あらばすべからく官立の病院で遣《や》るべしである。順天堂はいわば一の私立病院に過ぎぬのではないか、私立病院にかかる重大の件を許可する例を開いては以ての外の悪弊を醸《かも》すことになる……という論が内務省辺に勢力を得、その結果が東京府知事の愚図々々になっている様子と分かったので、しからばというので時の内務卿大久保公を訪問具申のことに決心し、ある日の朝八時順天堂へ出勤前《ぜん》に公の霞ヶ関の私邸に訪問して刺《し》を通じた。(明治四十三年十一月三日)

ところが、お目にかかるからちょっとお待ちなさいとの取り次ぎの口上であった。しばらくすると、吉井友実《よしいともざね》氏が奥から出て来られて辞し去った。公の囲碁を好まれたことは誰かのお話にも出てあったようだが、一体の模様からしてこの日も朝早くから吉井氏を相手に碁を囲まれてあったかの如く想像された。吉井氏が辞し去るとすぐと老生《わたし》に面会された。そこで伯円の篤志、解剖の必要、東京府庁の愚図々々の大要を具申し、次に老生の独逸《ドイツ》留学以来積年胸中から、離したことのない解剖に関しての次の一感想を述べて公の参考に供した。

「老生が伯林《ベルリン》大学に入学してまだ間のないある日のこと、教授タラウベ氏から日本では屍体を解剖するのか……という一の質問を受けた。イヤ残念ながらまだそこまでは進んでおりませぬと答えた。すると、夕教授は、それはいけない、医学を進歩せしめて診断を正確にしようとするには、ぜひとも病体解剖によってその知識経験を積んでゆかねばならぬ、生前の診断を慥《たし》かめるには死後の病体を解剖するのが一番正しい方法ではないか……と云われて、よく自分を教えてくれたので、そのことが深く自分を感動せしめて、居常《つねに》心から離れなかった。伯円の志を多としたのも一つにはこの事情があったため、あたかも油に火を点じたように感謝の念が熱烈になった訳である」云々。

公は例の眼光炯々《けいけい》、寡言沈黙の威権ある風丰《ふうぼう》で以て篤《とく》と右の顚末《てんまつ》を聴き取られ、煙草二、三服も吸う間ぐらいちょっと考えておられた上、わずかに口を開いて「その他に何か用があるのか」と問われたから「それだけです」と答えた。すると、「よろしい、分かった」と云われたから、それなり辞して帰宅した。しかるに、その翌日東京府庁から一の封状が届いた。開いて見ると、前に差し出しておいた解剖の願書の末の余白に「願之趣《ねがいのおもむき》聴届候事《ききとどけそろこと》、年月日、東京府知事楠本正隆」と筆太に朱書した指令であった。この時老生は真に大久保公の明察果断に驚いた。この一事公が国政を料理するにおいていかに偉大なる手腕を有しておられたかが推測さるるであろう。この頃は長く独逸《ドイツ》におって帰って間合《まあ》いもない。今日のいわゆるハイカラ的頭脳《あたま》であったかも知れんかったが、どういうものか日本の役人どものすることが癪《しゃく》に障ることばかり多いので、次第によって一議論試みようかとの意気込みもあったが、公のこの公正にしてかつ敏活なる裁断についてはただただ敬服するの外なかった。（明治四十三年十一月四日）

20 公の威容……佐藤 進

陸軍軍医総監医学博士男爵佐藤進氏談

（一）

明治十年の西南《せいなん》の役《えき》当時の陸軍卿は西郷従道《さいごうじゅうどう》侯で、陸軍軍医総監は松本順《まつもとじゅん》であった。物資の需要供給の関係上大阪に仮病院を設け、これを「大阪陸軍臨時病院」と命名して西南戦争における傷病兵を収容したのである。骨肉の関係ある松本総監からの強《た》っての希望黙《もだ》しがたく、かつは国家の緩急に際して一家の事情を顧念すべきものに非《あら》ずと決定し、忙《せわ》しい順天堂を棄てて陸軍軍医監に任ぜられて右大阪陸軍臨時病院長の命を拝したのである。当時、父は時々咯血《かっけつ》するほどの病軀《びょうく》であったのにもかかわらず、老生《わたし》が不在になったために病を力《つと》めて順天堂に出勤したくらいであった。しかし、一方、任用者の側から云《い》わせたならば、大佐相当官たる陸軍軍医監にしたのはあるいは出格の高遇であったかも知れない。

そのときの病院の役割は、老生《わたし》は院長として治療一切を総括し、軍医正の石黒《いしぐろ》（忠悳《ただのり》男爵《だんしゃく》）は経営の一切を主管したのだ。日本におけるバラック病院はこの大阪臨時病院を以て嚆矢《こうし》とすべきであろう。もっとも仮病院の方へはもっぱら兵のみを収容し、将校以上は大阪鎮台の病院へ収容したのだ。現に今の寺内《てらうち》（正毅《まさたけ》）陸軍大臣などはその頃大尉か中尉で、負傷将校として入院して老生の治療を受けた一人じゃが、今なお一方の手の不自由になっておるのは、手術の際止むなく上膊骨《じょうはくこつ》の一部を切除したためである。

一日《あるひ》京都の行在所《あんざいしょ》から御使《おつか》いがあって、御召《おめ》しであるからただちに入京して木戸《きど》（孝允《たかよし》）公の病気を診察せよとの申し達してある。それから病院に出勤する軍服そのままで梅田発最終の滊車《きしゃ》で出発し、京都に着して先ず伊藤《いとう》（博文《ひろぶみ》）公を木屋《きや》町の旅館に訪問したのはほとんど深更頃《まよなか》であったろう。今夜はいかんともいたしかたがない、また当旅館も満員《いっぱい》であるから隣家の池田屋で一ト眠りやってくれとの伊藤公の指図に任せて池田屋で一睡を試み、翌朝改めて伊藤公に面会して種々の打ち合わせをなした上、三本木なる木戸公の別邸を訪問し同公の病床に伺候して診察をいたしたのである。病気は胃癌《いがん》と肝臓の故障でなかなか重症であった。

陛下には京都なる行在所に御座《ぎょざ》ましまし、三条《さんじょう》（実美《さねとみ》）、岩倉《いわくら》（具視《ともみ》）、木戸、大久保、その他の大官も多く京都に集合しておったので、今日の言葉を以てすれば、内閣が一時京都に移されてあったのだ。また、戦況についても決して楽観してはいなかった。木戸公が病褥《びょうじょく》に臥《ふ》されていられた頃はあたかも熊本籠城《ろうじょう》の時で、天下の安危この一挙にありというくらいの心配はきっと大臣連の頭脳《あたま》に潜んでおったに相違ない。

（明治四十三年十一月五日）

（二）

昼夜木戸公の病床に侍して看護を司っておった南部《なんぶ》一政《いっせい》という男は、長州の出身であって、維新の頃、吾が佐久良《さくら》（佐倉）の順天堂に学びおったが、いつか身を匿《かく》してそれきり生死のほどを詳《つまびら》かにせず、噂《うわさ》に依ると幕府長州追討の軍を起こした節、走《は》せて長州軍に加わって幕軍に抗したとのことであったから、旁々《かたがた》以てこの世の人でもあるまいと思っておった。しかるに、図らずも十余年目にて生死不明の故人に逢うたのであるから、お互いの懐旧の感慨はとても言葉に尽くされんのであった。この南部氏の木戸公看護談の中にも、熊本籠城における木戸公の心痛はうわごとによって折節公の口から洩らされてあったということだ。

老生《わたし》の診察のため伺候したその日は、木戸公の病室から一間隔《ひとま》たった一室には、伊藤公を始めとし、杉孫七郎《すぎまごしちろう》、槙村《まきむら》（正直《まさなお》、当時の京都府知事）の諸氏詰め合いおられ、あるいは横になったりあるいは仰向《あおむ》けになったりして思い思いの陽気な雑談に花を咲かせておった。その真っ最中に玄関で頼もう頼もうの声が聞こえる。取り次ぎの容子《ようす》で大久保公の訪問であることが分かった。すると、伊藤公も杉子も槙村氏も驚いて飛び上がって、にわかに襟を掻《か》き合わすやら、袴《はかま》のひだを延ばすやらして威儀を繕うて今さらの如くしかつめらしく座を正している。

大久保公は羽織袴の扮装《いでたち》にて供の一人に見舞いの品を持たせ、諸員に目礼してその座を通る姿は、実に威容堂々たるものでどうしても頭を下げずにはおられなかった。大久保公に対してはさすが磊落《らいらく》の伊藤公でさえもその声を聞いたばかりでも慄《ふる》い上がりそうであったから、公の威権のいかに同輩下僚の間に重んぜられたるかは以て推知すべきである。

木戸公の診察を了《お》えてから拝謁のため伊藤公に伴われて行在所に赴いた。その前《ぜん》、予《あらかじ》め拝謁の砌《みぎり》は、第一に木戸公の病状、第二に大阪陸軍臨時病院における傷病兵の状況について逐一奏上せよ、その外にもなんぞ心づいたことがあらば腹蔵なく上聞に達せよとの内示を伊藤公より受けておった。拝謁の間の一段高き処、吾々の邸宅でいわば床の間の広いような処の正面に御椅子があって、陛下にはその御椅子に倚《よ》らせられ、同じ高き玉座の御側に三条公坐られ、玉座から二間くらい隔たり玉座に対して据えてあった椅子に自分の席を賜った。

老生《わたし》は伊藤公の内示の順に奏上した後、普仏戦争についても必要と思う見聞の次第を奏上いたしたが、すべて御質問は三条公からせらるるので、その問答が畏《かしこ》くもただちに天聴に達する次第であった。三条公その他の諸大官には、この時、行在所において伊藤公の紹介によって始めて面会したのである。伯林《ベルリン》留学中、普仏戦争を目撃した経験から得た知識は西南戦争の傷病兵を取り扱う上に一方ならない実益を与えてあった。（明治四十三年十一月六日）

佐藤進《さとうすすむ》　一八四五（弘化二）年〜一九二一（大正十）年　常陸太田に生まれる。佐倉の蘭学・医塾順天堂に入門し、二代目塾主佐藤尚中《さとうたかなか》の婿養子となる。一八六九（明治二）年にドイツに留学、日本人として最初の博士学位を取得し、一八七五（明治八）年に帰国。帝国大学医科大学病院長、陸軍軍医総監などを歴任。男爵。

なお父尚中は順天堂創設者佐藤泰然《たいぜん》の養子で、進の談話に出てくる松本順《まつもとじゅん》は泰然の実子であり、かつ「4日本の大黒柱」の談話者林　董《はやしただす》も泰然の実子で順の弟である。

21　部下の操縦……河瀬秀治

河瀬秀治氏談

大久保公の知遇を受けたのは勧業寮にいた時分であった。公は岩倉《いわくら》（具視《ともみ》）大使一行の副使として海外を巡遊して来て、なんでもこれは内治を大いにやらなければいけぬ、その頃は征韓論《せいかんろん》で大破裂はあったが、しかし海外に押し出すのはまア後の事にして、内を治めて大いに国の実力を養った上のことにしなければいけないと思われたらしい。そこで、警保寮、勧業寮を置いてこれを一等寮にして、地理寮、土木寮、戸籍寮その他にまだあったろうが、これらが二等寮で、内務省の中にこれらの各寮があったのである。

大久保公は内務卿としてこれを統べておる訳である。この組織の中《うち》にほぼ大久保公の為政の方針が顕《あら》われている。大政維新の後《のち》、国内がとかくごたごたしていたのは言うまでもない話で、その上に西郷《さいごう》の征韓論以来は余計物騒である。そんなこんなで、大久保公は、まず内治には警察に重きを置かなければならぬ、次いでは人民の殖産工業殊に民業を発達させなければならない、この二者は最も内治の重大事で、それで警保寮と勧業寮を一等寮にした。

警保寮の権頭《ごんのかみ》は村田《むらた》がやっていて、勧業寮は私、前島《まえじま》（密《ひそか》）さんが今の逓信の方で郵便や電信それに船のことなどをやっていた。土木が林友幸《はやしゆうこう》《ともゆき》で、戸籍の方は杉浦《すぎうら》（譲《ゆずる》）がやっていた。東京の警保は川路《かわじ》（利良《としよし》）大警視がやっていましたが、これはなかなかの人物であった。で、公は人民の財産生命の保護は最も大切で、これと共に民業を発達さしてゆかなければならぬと、私たちにも言われて、自分はひどく鋭意しておられた。公の熱心《ねっしん》というものは大変なものでした。その時分でも思ったし、今にも思い出すのは、公のあの正大な誠意に対して自分らの力の足らぬのがシミジミ残念であったことである。

公は部下を使うによくその腹心を人の胸に置いてその力を信任し、部下がやるだけのことをやらせるという風であった。その頃、大丞《たいじょう》に任ぜられたのが前島、林、村田、杉浦、それに私、少丞《しょうじょう》は松平正直《まつだいらまさなお》に武井守正《たけいもりまさ》、それに新田《にった》というものがおったが、これは死んだ。これらの役人に対して言わるるには、この大丞少丞の選任は決して私一個で選んだのではなく、また薩長の手で選んだでもない、全く内閣一般の選任だから諸君もそのつもりでおられたい。したがって、各部の担任者は決して私一個に使われるとか、薩長に使われるとか思わずに、国家の役人である国家の仕事をするというつもりで自ら任じてやってくれ、かつまた細かいことは自分は不得手であるから万事仕事は君たちに任すから力一杯やれ、その代わり責任はおれが引き受けてやる、顧慮せずにやれと言われた。

万事がこういう行《や》らせ方で、部下のものは一生懸命に仕事をすることができた。公は人に任しておいて断乎として動かなかった。だから、骨は折れたが、安心してやることができた。仕事の上のことは過ちがあっても叱らずに責任は一切自分が引き受けられた。（明治四十三年十一月七日）

22　木戸と大久保……河瀬秀治

河瀬秀治氏談

（一）

私どもの知っているところでは、大久保さんほどに国家のために苦しまれた方はないように思う。単に国家の事務にばかり苦しまれたのみでなく、いろいろの事情があって心を労しておられた。その中《うち》で最も六《むつ》かしかったのは薩長《さっちょう》の釣り合いであった。これはなかなか六かしかった。薩長の関係はやがて木戸《きど》（孝允《たかよし》）と大久保との関係になって、両雄ともこのことには互いに心を労していた。私どもが何か献策、あるいは相談ごとなどがあって大久保のところへ行くと、大久保は先ず木戸に相談しろと言った。此度《こんど》は木戸のところへ行くと、そのことは大久保は承知かと訊ねられるといった風で、双方が譲り合っていた。そこでこの薩長の関係は単に木戸、大久保にのみ関係していたかというに、まだその上の三条《さんじょう》（実美《さねとみ》）、岩倉《いわくら》（具視《ともみ》）にも関係していたから余計に六《むつ》かしかった。

三条さんはどちらかというと長州に親しくしておられた。だから、三条公は動《やや》ともすれば木戸に依る。岩倉はどうかというとこれは別して薩の方に近く、大久保に極めて親しかった。今から維新の際のことを考えてみるに、長州はあのとおり京都へ出ることはできなかった。木戸や広沢《ひろさわ》（真臣《さねおみ》）それに品川《しながわ》（弥二郎《やじろう》）などは無論京都へ来てはおったが、実は鹿児島の庇護《ひご》の下にいたという始末。で、もっぱら徳川の天下を倒して朝廷のものにした彼《あ》の間際のことは、岩倉、大久保、西郷《さいごう》（隆盛《たかもり》）あたりの関係が多い。岩倉はその頃朝廷の中の原動力ではあるし、長州はこの時分直接の関係が薄かったから、自然岩倉と鹿児島とは離れられなくなった。だから、三条は長州に近く、岩倉は薩摩《さつま》に近い、こういう点にも大久保の心を苦しめたことは非常であった。

今から思うと、彼《あ》の頃の国家の難しい事務その他百般の国事がうまくいったのは、全く木戸と大久保の二人《ににん》があったからだと思う。あの二人《ふたり》の公明正大な点は世人の想像以上であった。二人ともに考えていたことは、御維新というものが徳川に代うるに薩長を以てしたものに過ぎぬと世間が思いはせぬか、そう思わしてはならないという点であった。こういう疑いを天下に起こさしてはならぬというので、役人を用うるにも公明をもっぱらにした。現にその頃の大丞《たいじょう》では長州人は林友幸一人《はやしともゆきいちにん》であった。

まア、木戸と大久保この二人の公明正大で、万事は円満にいったのだ。しかし、何といっても薩長がやったのさ。薩長でやるのでないといっても、事実薩長の力でやるより外《ほか》やりようがなかったのだ。なんといっても木戸と大久保でやッつけたのさ。西郷は政治の方は得手でなかったようだが、政治では木戸と大久保の外にあれより以上に偉い人はなかった。（明治四十三年十一月八日）

（二）

木戸さんと大久保さんとの間は私はよく承知していました。私の藩は都合があって朝敵になったこともあり、後に藩論が一定してから広沢に知られ、したがって木戸さんとも縁故ができたが、藩の向背について私の弁明したのを、木戸さんはよく聞いてくれました。その中《うち》に朝廷に仕えることになったために、出《い》でては大久保の手に使われ、入りては木戸の家に遊ぶといった風であったから、この両雄の間柄はよく分かりました。今も言うとおりこの二人の公明正大な性格のために時務が円滑にいっていた。

江《え》藤新平《とうしんぺい》の乱の時には、大久保さんは自ら出張して平定のことに当たった。その間木戸さんが留守を預かって内務卿をやるといった風で、至極調子が揃っていった。木戸さんは、その頃、文部卿をやっていた。そういう工合に調子が揃って巧《うま》く行きかけると再び事件が起きてまた破れてしまった。それは江藤の乱が済むと、台湾へ兵を行《や》ることになった時のことである。有名な台湾事件である。

この時に大久保さんは台湾へ兵を出した方がよかろうという説であった。大久保さんのこの考えは多分江藤を平定中に起こったらしい。江藤の戦争の時に兵のことも分かってくるし、台湾に関する情報も聞いておりして、いっそ兵を出した方がよかろうと決断されたらしい。ところが、木戸さんは征台論《せいたいろん》には反対であった。むしろ絶対の反対であった。その訳はまだ征韓論《せいかんろん》で騒いだ余焔《よえん》の全く収まらぬ時である、収まらぬどころでない、それがために国内が穏やかでない時である。現に江藤新平の乱も征韓論の余毒である。内治を先にして外を後にするために征韓論を圧《おさ》えておいて、しかも今日になって内治の功が挙がらぬのに、台湾に兵を出すのは何事ぞと言って、木戸さんは聞き入れない。ところが、大久保さんは行《や》る気でいた。

大久保さんが江藤平定から帰る前に、木戸さんは建白書を出して辞してしまった。その建白書は私も見せてもらったし、また木戸さんから慷慨《こうがい》の談を聞いた。征台の議が決した上は私は現職を去る、またツイこの間征韓論で大喧嘩《おおげんか》をやった後じゃないか、九州のことの血のまだ乾かぬ内に台湾へ兵を出すようでは、政府として大矛盾である、こういう国家の威信に関することはできぬと言って、木戸は元来が慷慨家であったが、この時の憤慨も大変なもので、ついに木戸は退《ひ》いてしまった。

大久保さんが帰った時は、林友幸が横浜へ迎えに行ったが、ここで木戸の辞職の話を聞いて非常に愕《おどろ》かれた。よほどの愕きであったと見えて、あの沈着な人が、木戸にそれほどまでの異論があるとは知らずに行《や》ったが、それは困ったことをした、一同が一致の上だと思っていたが、それはいけなかったと言って、大久保は大変心配していた。この時は西郷従道《さいごうじゅうどう》さんがすでに出発していた後だったが、呼び戻そうとまで言ったけれども、それもできなくて台湾の征討はついに行われた。（明治四十三年十一月十日）

（三）

こんな次第で西郷さんは台湾へ行ってしまう。大久保さんも止むを得ないことにしておいたが、戦争の結果は良くて大久保さんは支那へ談判に行かれた。そして、償金を取って帰って来られた。こういった調子で、木戸と大久保との間は互いに譲り合っていた。ただ二人の間に扞格《かんかく》が起きた時には実に困難であった（記者この時言を挟みて、木戸公と大久保公とは時々《じじ》一緒に御飯を召し上がったり酒を飲んだりされましたかと問う)。

イヤ、それはもう今日の状態とはまるで様子が違っていたので、用談で木戸が大久保を訪ねたり、また大久保が木戸の家《うち》へ来ることがあっても、刻限《じこく》が来れば御飯も出されただろうが、特に晩餐に招いて酒を飲むなどいった風のことはなかったと言ってよい。私どもも用事で上がっていても時刻が来れば茶漬ぐらいは饗《よ》ばれたものだが、ホンの御惣菜《おそうざい》で特に御馳走《ごちそう》をされるということもなかった。それは質素なものであった。明治八年であったかヒラデルヒアの博覧会の時に西郷(従道)さんが(副)総裁か何かで洋行される時に、西洋料理で送別の宴をやったことがある。まアそれくらいのもので同役一同が会食するなんということはなく、その時分の交際は実に淡泊なものであった。

比較して論ずるのも変だが、木戸さんはよく物を考える人であった。大久保さんもよく考える思慮の深い人であったが、これは決断力判断力に長じていた。あの頃この二人の中は、亡くなった伊藤《いとう》(博文《ひろぶみ》)さん陸奥《むつ》(宗光《むねみつ》)さん今の大隈《おおくま》(重信《しげのぶ》)さんその他の人が、その間を斡旋《あっせん》しておられた。木戸も大久保もこれら後進の説をよく聞かれた。木戸さんも物をよく下の者に聞いたが、大久保さんもよく聞かれた。が、その聞き方が異《ちが》っていた。木戸さんは人から聞いたものに幾分か自分の説を加味して実行するという風で、人の説を感心しながら聞いてもその中《うち》へ自分の考えを出す。大久保さんは人に聞いて善ければそのまま用いる。たくさん説があれば、その中の誰かの説で定《き》めてしまう。

木戸さんには伊藤さんなどでも容れられぬことが多かった。お前の説ももっともだが、しかし私はこう思うとか、この点がこうだとか言われる、足らぬところを指摘したりする。大久保さんのところではそうでなく、何か言うと、「それだけか」とか「もっと好い考えはないか」とかくらいは言われるが、「それだけです」と言うと、「よろしい」と言ってそのまま用いる。一つの事件についてたくさんの案が出た時など、木戸はいろいろに批評したりするが、大久保は黙って読んでしまって自分のよしと思った案へポツンと印形を一つ押すだけであった。

そんな風だから、伊藤、大隈等のハイカラ連中も自然と木戸よりは大久保に付くという工合で、その頃の伊藤さん大隈さんたちは皆がアラビア馬だと言ったくらいハイカラで活動しきったものだから、どうしても大久保の方が行きやすかったに違いない。そんな風で今のアラビア馬だとか生意気だとか言われた連中は、どうしても大久保の洪量《こうりょう》を喜び、木戸の小言を嫌って木戸には腹から寄りつかなくなるといった風で、木戸はついには孤立するに至った。木戸の晩年は孤立の姿であった。

木戸の亡くなったも、やはりそんなことから神経も過敏になりして、一種の憂愁病であったのだろう。木戸の病気は憂国病であった。西洋ハイカラ連中の意見は、自分の手元ではいろいろに注意して摂取するようにして、なるべく自分の意見でやるようにするが、大久保の手では常に行われる。この点でもよほど心を苦しめていたのであろう。大久保さんもこの点はよく呑《の》み込んでいて、なるべく木戸さんの意見と離れぬようにして政治をしていた。

私もいつか木戸さんへ上がって、あまりクヨクヨ思わぬようにと言って慰めたこともあるが、その時に木戸さんは、これは私の病気だから死ねば癒るでしょうと言っておられた。西南事件の時でも非常に残念がって、私の言うように薩摩の者を取り扱っていたら、決してこんなことにはならなかったろうと言って、はなはだ心配しておられた。

そんな具合で国家の中心は大久保一人《いちにん》に移って行ってしまった。その頃福地《ふくち》源一郎《げんいちろう》が日々新聞の社説に、勢いの移るは恐ろしいものだという風のことを書いたことがあった。西南の乱の平らいで後、兇変《きょうへん》まではわずか八ヶ月ぐらいであったろうが、この間の大久保さんの朝野における勢力というものは、それは実に素晴らしいものであった。（明治四十三年十一月十一日）

23　厳格にして質素……河瀬秀治

河瀬秀治氏談

大久保さんは実に厳格な人であった。大久保公の紀尾井町《きおいちょう》の兇変《きょうへん》の時は、私は支那へ行っていて香港にいました。何か用事があって上海へ行っていた留守のことで、香港へ帰るとその兇電《きょうでん》が来ていたので愕《おどろ》きました。もう万事休すと思いまして、非常な悲嘆に暮れました。公私のことを考えて憂愁の極に陥りました。その跡へ伊藤《いとう》（博文《ひろぶみ》）さんが内務卿《ないむきょう》になられたが、私は帰朝して内務卿の事務室に行って、その大久保時代と変わっておるのに愕きました。

大久保公の内務卿の時代には、内務卿の室は神聖なものと見做されていた。いつ行ってもシーンとしたもので、大久保さんの所へ行って何か一と議論しようなどと言って押しかけて行くものがあっても、内務卿の室へ這入《はい》ると議論どころか縮み上がって還って来るという風であった。卿の室は粛然として声がなかった。仕事の上のことでも黙って聞いておられた。自分でも議論はされず、書面だけでは分からぬ伺い書があると、呼びつけて聞いて「ヨシ」と言ってポツンと印形を押して黙って還してよこす。そんな風であったから、公の生前からの習慣もあって、帰朝匆々《そうそう》内務卿の室へ恐る恐る行くと、朝のことであったが、伊藤内務卿の室には西郷《さいごう》（従道《つぐみち》）さんや中井《なかい》（弘《ひろし》・桜洲《おうしゅう》）などが来ていて、盛んに昨夕《ゆうべ》の話をやっておる。用もないのに仲居などが出入りして、酒気を吐きながら芸妓《げいしゃ》の噂《うわさ》が盛んである。こういう風で大久保公時代のつもりで行った私は大変愕きました。

もし大久保公が存命であったら我が邦の風儀もこうは堕落しなかったろうと常々思っています。公がおられる頃は、朝廷では冗談口一ツ聞くものもなく、役員も皆が質素でしたが、大久保さんの死後急にすべてが奢侈《しゃし》に流れたようです。大久保さんの霞ヶ関の西洋館は、その頃薩人《さつじん》から批難の的になり、西南戦争の起きた時に、朝廷の群臣を批議するに、あのペンキ塗りの西洋館も在朝の大臣が奢侈《しゃし》に走った証拠の一ツのように数えてあったが、あれとても決して奢侈なものではなかった。今から見れば、誠にお粗末なものであった。西洋人に対しても表面上あんなものを建てられたのでしょうが、実は内部は実にお粗末なものでした。

大久保公はそういう厳格な人ではあったが、しかし人を叱《しか》らるるようなことは決してなかった。私はタッタ一遍叱られたことがある。恐らくあれくらい烈《はげ》しく叱られたものは私一人《いちにん》ぐらいのものでしょう。その頃ジョンスという米国人がおって、これが日本の原野を開いて羊を飼うことを献言した。大久保さんはともかく調べてみようというので、岩山正義《いわやませいぎ》（敬義）という男に調べさせた。私には初めから相談もし言いつけもされました。岩山の調べた結果、面白そうだとのことで、公にも勧めいよいよやることに決定した。

ところが、岩山の分課内に議論が起きてジョンスを雇うは得策でないという話が私の耳にも這入った。それで、その翌朝早々、岩山と二人《ににん》で大久保卿のところへ行ってそのことを話すと、公は「そんな不詮索なことがあるか、お前は初めに勧めたのじゃないか」と叱られて、彼《あ》の沈黙な人が、このことは外国人との関係もあり、また普通の人ではなく自費でやろうとまで言っている人じゃ、今さら変わるのは私《わし》は不承知じゃとのことで珍しく立腹であった。

こんな風に一旦やりかけたことを、不詮索の結果、後になって変更するようなことは嫌いであったらしい。それでついに、下総《しもうさ》の黄金原《こがねはら》（小金原）に牧場を起こすことになった。（明治四十三年十一月十二日）

河瀬《かわせ》秀治《ひではる》　一八三九（天保十）年〜一九二八（昭和三）年　丹後田辺藩（明治元年に舞鶴藩と改称）牛窪成弘の三男として生まれ、宮津藩士河瀬治休の養子となる。一八六八（明治元）年十二月に武蔵県知事に登用され、以後印旛、群馬、熊谷などの県知事を歴任。一八七四（明治七）年一月、内務省の発足とともに内務大丞・勧業権頭に任ぜられ、以後勧商局長、内務大書記官となり、大久保内務省行政の中心メンバーとなった。一八八一（明治十四）年に退官し、以後実業界で活躍するが、同時に岡倉天《おかくらてん》心《しん》と交遊があり日本美術界の振興にも努めた。

24　維新前の公……米田虎雄

米田虎雄男談

私は今米田《こめだ》姓を名乗っておりますが、私の父は長岡監物《ながおかけんもつ》と言って御維新《ごいっしん》の時に少しは働いた者です。これが西郷《さいごう》、大久保などとは大変親密で、大久保公も大西郷も国事のために上京さるる時にはきっと私の家《うち》へ寄ってゆかれた。大久保さんと西郷さんと二人で泊まってゆかれたことは私の知っているのだけでも五、六度はある。

そのころ有名な継嗣問題が起こった。藩内は久光《ひさみつ》党と斉彬《なりあきら》党とに分かれて大混雑を起こしたものです。大西郷、大久保、吉井《よしい》（友実《ともざね》）などは純粋の斉彬党で、後の左大臣三郎《さぶろう》公（島津久光・三郎）の党のものいわゆる俗論党からは大変に忌まれたものであった。斉彬公は実に英主で大名としてはあれくらいの大人物はなかったでしょうが、なにしろその頃は三郎党から大変忌まれたもので藁人形《わらにんぎょう》を作ってその腹を衝き刺して呪《のろ》うといった風で、斉彬公に子供がなかったのをこのお蔭だなど言われたものでした。

大西郷も大久保も斉彬公の人物には全く推服していて頭が上がらなかった。桜島に台場を築いたり、製鉄所を作ったりしたのをみても、遠見卓識のほどは分かる。桜島に台場を築いた場処は、昔から鹿児島のものは神の場所だと言っていたのに、台場を作ったものだから、俗論党のものは神の祟りがあると言っていた。それがあの有名な英国との戦争の時に非常に役に立った。それから俗論党も一藩のものも斉彬公の先見に服してしまった。誰かの話であったが、斉彬公が西郷どんが頭打ちよったことがあったそうだが、大西郷でも頭は上がらなかったそうだ。大久保公も大西郷も、この君を立てなければならぬというので大変に奔走した。それがために二人は俗論党のためにつけ狙《ねら》われたもので、私の家《うち》へ来るにも忍んで来たものだ。

その頃鮫島《さめじま》という男があって、書をよく書いたが、これが父と親密で、西郷、大久保に父のことを話したが元で親密になったのだ。それから二人ともよく来て泊まるようになったが、始めて逢ったのは江戸の藤田東湖《ふじたとうこ》の家であったろうと思う。父はよく西郷は創業の大材、大久保は守成の大材だと言っていましたが、これは確評でしょう。大西郷が月照《げっしょう》と海へ飛び込む時も、あの晩は私の家で夜明かししたのでした。私の国のもので伊知地《いじち》という男があった。先年死んだが、眼が片方なかったので独眼龍と言われていた。あれがちょうど京都から帰って来て、京都の様子を話した。それに大西郷が傾倒していた斉彬公が亡くなったことも知れたので西郷の落胆は一と通りでなく、父は西郷がきっと殉死をするに違いないと思って、西郷にそれを止めたことがあった。西郷も死にはせぬと言っていたが、その時父は西郷に「二つなき道に吾身《わがみ》は捨小舟《すておぶね》、風吹かば吹け波立たば立て」という国風を書いて渡したが、西郷がそれを守袋か何かに入れていたので、西郷の歌として世間に伝わっているような次第です。

そんな風で大久保さんも大西郷も私は子供の時分からよく知っていますが、今に私は大西郷は曠世《こうせい》の英雄、大久保も類のない大人物だと思っています。大久保さんについて感服した話は五ツも六つもある。（明治四十三年十一月十三日）

25　誠忠なりし公……米田虎雄

男爵米田虎雄氏談

大久保さんのことに関しては私は人の知らぬことを少しは知っている。まだ人が頭の髪を截《き》らぬ内、大久保さん一人断然切って朝廷へ出られた。これが断髪して朝廷に出たはじまりだが、大久保さんのこの英断には皆が胆《たん》をひしがれた。畏《おそ》れながら陛下もそれから十日ばかりして御髪《おぐし》をお断《き》り遊ばされたし、下々の者もこれに倣って切ったという次第だ。

先日、伊藤《いとう》（博文《ひろぶみ》）公の一周年祭にそのことを話したら、皆がそれは珍しい話だと言っていた。牧野《まきの》（伸顕《のぶあき》）男爵すら初耳であったらしい。直接私が公から話を聞いたり見たりしたことで最も感服したのは、私がまだ龍《たつ》の口《くち》にいた頃のことである。あそこに細川の邸があって、私はその長屋にいた。そこへある朝突然大久保公がやって来られた。ちょうど安場《やすば》（保和《やすかず》）が来ていてなんだか話をしているところであったが、堂々たる内務卿が長屋へ来られたのだから全く恐縮してしまった。

そして、今日は折入ってお話したいことがあって来たと言われるから、御用ならお呼び寄せになればこちらから伺いますのにと言うと、イヤそうではない、実は折入ってお願いがあって来たのだが、畏れながら陛下は今ちょうど御生立《おんおいたち》のところである、自分も御上《おかみ》の御成育をお助け申し上げる人物をいろいろ吟味してみたが、どうもこれというのがない。それで誰か貴方の国の人で、これと思う人を推薦してもらいたい、徳望学識精神ともに充分な人を見つけて推薦してもらいたい、それで今日は上がったのだとのことである。非常な熱心の心中が様子に顕《あら》われている。私も実にその誠忠には感服した。

それで私もよく考えた末、それならばたッた一人ある。元田《もとだ》という奴ですが、これならば精神もシッカリしているし、人物も公平で徳望も学殖もあり、どこまでもお上をお助け申し上ぐるに足る人物と信じますと言ったら、大久保は非常に喜ばれて「そうか」と言って帰られた。すると、十日経つか経たぬに元田へ向けて七等出仕の命が下った。大久保公が人を信じたら英断果決少しも動かぬところが見える。元田は早速参候して陛下に御講義を申し上げておったが、後に親任官にまでなった。先年なくなったが元田《もとだ》永孚《えいふ》《ながざね》がそれだ。畏れながら陛下の御信用は誠に厚く、私どもの拝察し奉るところによると、前後元田ぐらい御信任を忝《かたじけの》うしたものはあまり多くはないと思っている。

これに依って見ても、大久保さんが陛下の御身《おんみ》に関して心配しておられたことの尋常でなかったことが知れる。それと共にまた畏れながら陛下の御叡明《ごえいめい》絶倫に渡らせらるることも、一ツは大久保さんが当時いろいろと御心配申し上げて、君辺に出ずる者を特に吟味の上に吟味して、人選《にんせん》申し上げた結果にもよることと拝察せられる次第である。（明治四十三年十一月十四日）

監修者注　明治天皇が断髪したのは『明治天皇紀』によれば明治六年三月（一説には二十日）とされている。この時、大久保は岩倉遣外使節の副使としてドイツに滞在中であり、帰国（横浜着）したのが五月二十六日である。天皇の断髪は大久保とは関係なくなされている。米田の記憶違いであろう。

26　佐賀陣中の公……米田虎雄

男爵米田虎雄氏談

（一）

御維新の際には戦争はいつも西郷《さいごう》がやった。兵を出す時は大西郷がいつもその衝に当たって、大久保さんは帷幕《いばく》の人であった。しかるに、佐賀の戦乱のときは自ら進んで平定に出かけられた。それは江藤《えとう》（新平《しんぺい》）が兵を挙げたのは単に江藤一人《いちにん》の感情ばかりでなく、その頃天下がなんとなく穏やかでなかった。

この一私兵がやがて国内禍乱の基因をなして、諸方の不平連を誘起しては困るというところから、自ら進んで行かれたものらしい。私も随行して行った。その行きがけに、下ノ関の入口の処《ところ》で門司の山の上からしきりに人がおめく。人の声がするかと思って見ておると、我々一行を呼ぶのらしい。それでその人の来るのを待って聞いてみると、陸軍の男ですでに戦争をおっぱじめたという注進に来ていたのである。

これを聞くと同時に、大久保公はきっと形を改めて、私にちょっと来いと言われた。その時には井上毅《いのうえき》も随行していたが、井上でも誰でもいけぬ、お前に限ることだから、なんでも聞いてもらわねば困ると言われる。で、公の前へ行くと、外のことではないが、すでに兵端を開いたとすれば、寒心《こわし》に堪えぬのは肥後である、これがあるいは佐賀と聯絡《れんらく》を取っておるかも知れない、だから、お前は早速行って肥後一般が方向を誤らぬよう説得して来てくれ、それとモ一ツは古荘嘉門《ふるしょうかもん》だが、肥後へ行ったらあれを呼んで、あれも天下のために方向を誤らぬように言って聞かしてやれ、そしてもしいよいよ忠順ならば謹慎を許してやるからと、公の用事というのはこれだけである。

古荘嘉門というのはそれまでは私とは非常の讐敵《しゅうてき》であったが、これはその前に鶴崎で事を挙げようとした者で、それがために謹慎を命ぜられておった。これが動《やや》ともするると江藤の挙兵を聞いて妄動するかも知れぬ、それを未然に防ごうという公の先見である。私はそこですぐ早打ちで以て肥後へ走った。肥後へ着いてお城へ行くと、案の定土俵を作ったり何かして穏やかならぬ模様だ。種々《いろいろ》の奴が来ておる。後から知ったがこの時私を暗殺しようと企てた者もあったそうだ。

そこで私は大義名分を説いて、大久保内務卿の心のあるところを話した。先方ではどうか今夜中待ってくれ、明日は返答するというので、私も待つことにした。翌日になると鎌田《かまだ》がやって来て、肥後の国一般が必ず方向を誤らぬからそう思ってくれと盟約した。そこで古荘嘉門を呼びにやると、古荘は痔《じ》で臥《ふ》せっていたが、籠《かご》でやって来た。大久保公の旨意を話すと、古荘は泣いて謝した。そして、将来朝廷のために必ず尽くし奉ると言って、大久保公の誠意に感泣していた。もし大久保公にこの先見の明がなかったならば、肥後はきっとこの時に事を挙げていたに違いない。古荘もこの時私が行かなかったら畳の上で死ぬる奴ではなかったのだ。公の内命を果たしたので、私は早速早打ちで引き返して、佐賀の打ち入りのお伴をした。（明治四十三年十一月十五日）

（二）

佐賀の討ち入りの時は、私は河野《こうの》敏鎌《とがま》と一緒に随行した。佐賀の城の半道《はんみち》ばかりこちらで、火の手が上がった。大戦争の真っ最中である。この時の司令官は野津《のづ》（鎮雄《しずお》）であった、大野津の方だ。大久保公は私に大野津はどこにいるか見て来いと言われる。なにしろ鉄砲の弾丸《たま》が我々の立っている辺へもドンドン飛んで来る。私は大野津を探しに一ト鞭《むち》あてたが、その馬が借り馬でね、イヤハヤ全然《まるで》動かない。弾丸は馬上へヒュッヒュッと来る。それでもやっと駆けぬけて、大野津のいる処を探しあてた。野津に逢って大久保さんが来られたと話すと、野津は公にこちらへ来てもらってくれという。そこで私は引き返してこのことを大久保公に話した。

その時の大久保公の沈勇には愕《おどろ》いてしまった。ウムと一言《いちごん》いったと思ったら、ドスンと一足踏みしめて、弾丸の降る中を平気で歩き出した。馬は廃《や》めて歩いた。火の燃える所までは半道もあるのに、別に走るでもなければ周章《あわて》るでもない。平然としてドシドシ歩いている。時々足元や耳の辺へポツーンポツーンと弾丸が来るのではなはだ心持ちは悪いが、大久保公は平気なものであった。

大野津のおる所へ行って公が挨拶《あいさつ》されると、野津は明日は方《かた》がつきましょうと言った。公はウムと言ったきりで、こういう風をして（と言って氏は両肱《ひじ》を張って両腋《わき》に宛て、きっと身構える風をせらる）戦争の酣《たけなわ》なのを見ていられる。ちょうどその横に家があったが、その家の蔭へ隠れるのが人情だが、公は別に隠れようともせず、砲丸が身の周囲《まわり》はビュービュー来るのに、ビクともしないで眼も瞬《また》かずに見ている。

これにはさすがの河野も愕いたと見えて、ソッと私の袖を引いて「大久保さんを見ろ、キツカもんぞ、戦争に出んな始めてじゃろうが」と言った。私も今度が初めだと知っているから愕き入ってしまった。私と河野とで家の蔭に隠れるように（もっとも家の蔭へ行っても弾丸は来るがチッとは気安めになる）と言ったけれども、凝《じ》っと火の燃えるのを見ていて動かない。やッと大野津が手を引ッ張るようにして家の蔭まで連れて行ったが、イヤモウその大胆さには全く愕いてしまった。

私はその時始終随《つ》いていて挙動も顔色もよく見ていたが、別に特に力む訳でもなく、気持ちの悪そうな顔一ツしなかった。場数を踏んだ者でもあまり佳《い》い気持ちのものではないのに大久保は誠に平然たるものであった。（明治四十三年十一月十七日）

27　沈勇なりし公……米田虎雄

男爵米田虎雄氏談

公の沈勇であったことは佐賀戦争の時に魂消《たまげ》たばかりではない。かつて陛下が北越御巡幸になったことがある。あの御巡幸の前に近衛兵《このえへい》が混雑を起こした。すぐ鎮撫《ちんぶ》はしたけれども一時はなかなかの大騒動で、私はその時母が大病で宅《たく》におりましたが、ここにいて弾丸《たま》が家の上を飛んでいったくらいだ（記者曰く、男《だん》の家は駿河台南甲賀《するがだいみなみこうが》町《ちょう》にあり）。

近衛兵が騒動を起こしては、宮中はすこぶる危険である。大臣方や首《おも》だった人々は早速駆けつけるべきはずだのに、誰も参候しない。こう言っては変だけれども、有名な人々でも弾丸の飛ぶ時は、誰も誰も伺いに出なかった。この時は野津《のづ》（鎮雄《しずお》）が近衛の参謀長をしていたが、後になって私に話したが、騒動が起こって第一に飛んで来たのは大久保さんであった、その次へ大隈《おおくま》（重信《しげのぶ》）さんが来た。その外は騒動が済んで弾丸の雨の降り止むまでは誰も来なかった。弾丸が降っては有名な人も形なしだと言っていた。

大久保さんはこの危険な中を冒して陛下の御機嫌を伺い、野津を御前《ごぜん》に召して万事を御命令になるように取り計らわれたが、実に泰然たるもので、野津も敬服したと言っていた。大久保さんは実に沈勇な人であった。ああいう真似はよほどの豪傑でないとできぬ、平生は落ち着いた滅多に物に動かぬ人であったが、スワという際には人に先んじて弾丸の中を潜《くぐ》って出るという、あんな大胆さは珍しい。私どもも物騒な中は随分潜ったが、あの真似はちょっとできにくいことだと感服している。戊辰《ぼしん》の時でも大西郷《だいさいごう》は鳥羽《とば》で戦って武勲を挙げた。しかし、京都の御所の中はすこぶるグラグラしたもので、あの時大久保さんがビッシリ坐り込んで動かなかったからこそ、大西郷も思うさま働くことができたのだ。大久保さんが黙って坐っていると、なんとなく剛毅な気に打たれてたのもしい心持ちがした。佐賀の戦争中に弾丸の中に立っておられたのも、今に眼に見えるようだが、近衛兵の騒動の時の如きは、今話せばなんでもないが、その時はどんな大事になるかも分からず皆が胆《きも》を冷やしている真っ最中を、大久保さんはすぐ飛び出して来た。あの沈勇は実に珍しかった。従容という言葉があるが、大久保さんの態度は実にこの二字に当てはまっていた。私はいつもよく言うが、従容の二字は六《むつ》かしい。

私は今年七十二歳になりますが、今までに感服して真に天下の豪傑だと思ったのは大西郷と藤田東湖《ふじたとうこ》、それからこの大久保公、この三人です。西郷、大久保は人も知っておるが、藤田東湖の顔を知っておるのは、香川《かがわ》（敬三《けいぞう》）と私ぐらいのものでしょうが、不思議なことには、この三人とも極めて辞儀の鄭重《ていちょう》な沈言寡黙な人であったことだ。殊に大久保さんの寡黙は有名なもので、したがって公を訪ねた人もあまり長談義をせず、大久保公の室の煙草盆がいつも清浄《きれい》であったのでも分かるとは誰かの話でしたが、全くそうです。（明治四十三年十一月十八日）

監修者注　近衛兵の騒動とは、明治十一年八月二十三日に起こった、いわゆる竹橋騒動のことである。米田はこの時、大久保が宮中に駆けつけたことを、野津鎮雄から聞いた話として紹介しているが、大久保はこの年の五月十四日に暗殺されているから、米田の記憶違いである。

28 東湖・南洲・甲東……米田虎雄

男爵米田虎雄氏談

御維新の前に私は父について江戸に出て藤田東湖《ふじたとうこ》に逢った。父は東湖と交わってその議論にも人物にも感服していたが、私も実に偉い人だと思っておる。今も言うとおり東湖の顔を覚えておるのは香川《かがわ》（敬三《けいぞう》）と私ぐらいのものだが、東湖は実に一見して異相であった。私の知っておる範囲では、見るから天下の豪傑という事の分かる異相の人は東湖と大西郷《だいさいごう》の二人であった。

東湖の眼は大西郷ほどにギロギロしてはいなかったが、顔は黒くて鼻は大きな獅子ッ鼻であった。肩の所にこんな大きな（と男《だん》は両手で肩の辺に大きな拳《こぶし》を作って見せ）瘤《こぶ》ができていて、雲助の肩のように張っていた。途中で東湖に逢うと、その風丰《ふうぼう》を一見すればすぐ普通《ただ》の人間でなく、誰が見ても豪傑とは知れた。それでいて、お辞儀などは鄭重《ていちょう》な人で、頭を低く下げて挨拶《あいさつ》をするし、話をするのでも謙遜《けんそん》な人であった。西郷もこの点はよく似ていた。

もっとも今の人は知るまいが、あの上野にある銅像や世間によくある西郷の肥満した肖像は、あれは西郷が島に流されて帰った以後の風采で、西郷は島へ流されるまではごく痩《や》せぎすな人であった。背《せい》のスラリとした髪の毛のバサバサした武士で、眼ばかりはやはりギロギロと光っていた。島に流されて非常に肥満《ふと》って帰り、その後も人が心配するほど肥満ってきたが、天下のために奔走している頃は、痩せたスラリとした人であった。父はよく西郷は天下の豪傑だと言ったもので、私どもも恐ろしい偉い人だと思っていました。あまり父が西郷を豪傑だと言うものですから、内の旧臣の者がいかに豪傑でも刀に銹《さび》があっては価値《ねうち》があるまいと言って、私《ひそ》かに西郷の刀を抜いて見たら、銹どころか鍛《きた》いたてのような美事な刃《やいば》なので愕《おどろ》いて感服したことがある。

大久保さんは大西郷や東湖とは違い、背の高いスラッとした人で、威儀の正しい真面目な人であった。骨格なども実に立派で、体質も丈夫、紀尾井町《きおいちょう》の変がなければまだ生きていたかも知れぬ。なにしろこの三人は豪傑さ。西郷、大久保は東湖の感化を受けた人だが、東湖もこの二人には深く敬服してたのもしく思っていたらしい。

大西郷と大久保さんと両人で維新前《ぜん》によく宅《うち》へ来る頃、天下の大事を話してもいい人物が十三人あると言って、西郷がその名前を書いて父に渡したことがあるが、その書き付けは十年の戦争の時に兵火でなくなってしまって惜しいことをした。世の中に西郷と大久保ぐらい仲のよかった者はあるまい。実に兄弟以上であった。いつか大久保さんの笑い話に、西郷があまり肥満《ふと》るから心配になって、吉井《よしい》（友実《ともざね》）なんかと話して妾《めかけ》でも置かしたら好かろうと言うので、西郷に勧めると西郷は「それはヨカ、置きましょう」と言って二、三日すると、佳《よ》い奴が手に入った見に来てくれとのことで、蠣殻町《かきがらちょう》の屋敷へ見に行くと、妾というのは女でなく大きな犬が二匹いたのだったと、大久保さんが笑って話されたことがある。

御維新後に陛下から始めて御陪食を賜ったことがあった。その時大久保さんは威儀を正して正式に匙《さじ》を以てソップを呑《の》まれたが、西郷どんは皿のまま両手を持ってゾボゾボと一口に呑んでしまわれた。（明治四十三年十一月二十日）

米田虎雄《こめだとらお》　一八三九（天保十）年〜一九一五（大正四）年　熊本藩家老長岡監物《ながおかけんもつ》の子。父の旧姓の米田を名乗った。一八七一（明治四）年七月、宮内省の改革が行われた際、熊本県権大参事から侍従に登用された。ついで侍従番長となり一八七三（明治六）年三月の明治天皇断髪に奉仕した。また、佐賀の乱の際には熊本士族の鎮撫のために派遣された。一八七九（明治十二）年に侍従長就任、以後も長く宮内省に出仕した。父長岡監物は一八五九（安政六）年八月に没したが、西郷隆盛と大久保利通が信頼を寄せていた熊本藩の要人である。

29　北京談判中の公……小牧昌業

小牧昌業氏談

（一）

北京談判当時に随行したものは大抵死んでしまった。あの時は高崎正風《たかさきせいふう》さんが三等議官、吉原重俊《よしはらしげとし》が租税助《そぜいのすけ》、金井之恭《かないしきよう》が権少内史《ごんしょうないし》で随行しました。私はその前に支那へ留学していたものだから、支那語には通ぜぬけれども往復の文書などを翻訳する必要があって、開拓使七等出仕で随行しました。太田資政《おおたすけまさ》も鉄道権頭《ごんのかみ》で随行、その他川村《かわむら》正平《しょうへい》、池田《いけだ》寛治《かんじ》、名村泰蔵《なむらたいぞう》、平川武柄《ひらかわぶへい》、小秋原友賢《こあきばらゆうけん》、岸良謙吉《きしらけんきち》、岩村高俊《いわむらたかとし》それに井上《いのうえ》毅《き》《こわし》もいました。これらが先ず文官の方で、武官の側では福原和勝《ふくはらかずかつ》、これが陸軍大佐で随行、それから関定暉《せきていき》、坂本常孝《さかもとつねたか》、黒岡香備《くろおかこうび》、園田長輝《そのだちょうき》、これは後に寺原《てらはら》と言ったが、この五人が軍人として随行した。

この五人が随行したのは軍人に支那を見せておくつもりであったので大久保公のそ

の時の決心のほどが分かる。

私どもは談判の席へは出なかったので、その機密には与《あずか》らなかったけれども、始終公に従《つ》いていたからその模様は分かったが、この談判の進行から公の外交のやり口などをよく分かるように話そうと思うと、どうしてもその原因を少し話してかからねばならぬ。

事の起こりは琉球人《りゅうきゅうじん》が六十何人難船して台湾へ漂着した。それが牡丹社《ぼたんしゃ》という蕃人《ばんじん》のために殺されて十二人だけ逃げて帰った。これが（明治）四年一月のことで、逃げ帰った十二人の者の陳情によって外交上の問題となり、副島《そえじま》（種臣《たねおみ》）外務卿が支那へ談判に出かけた。

ところが、支那では例のノラクラ主義で、別に確たることも言わず、聞いただけにしておいた。そして、結句台南の牡丹社の如きは、化外《かがい》の民で中国の知ったことではないぐらいのところで言いぬけてしまった。そこで日本政府では、それならば台湾蕃民の罪を問わねばならぬ、征伐の軍を向けるが正当であるという議論が起こった。この前に征韓論《せいかんろん》で廟堂《びょうどう》は二ツに分かれて一は野に帰る、その不平連中が諸国にブツブツ言って動《やや》ともすると穏やかでない。そこへ持って来て台湾の蕃人の振舞いや北京政府の外交振りは一層これらの民心をあおった。

さらでも政府の弱点を数えたがっておる際だから、腰が弱いとか何故《なぜ》兵を出さぬかと言って迫る。それに一つは国内の鬱憤《うっぷん》を海外へ向けて洩《も》らす要もありして、大久保公の英断と西郷従道《さいごうじゅうどう》侯の強硬なる態度とによって、ついに兵を出すことになった。西郷侯は都督となって兵を率《つぐみち》いて出かけた。これが明治七年四月のことである。

そうすると、支那政府から今度は何故兵を出して他国の領地で自儘《じまま》な殺戮《さつりく》をなさると言い出した。その前に柳原前光《やなぎはらさきみつ》公使が清国総理衙門《そうりがもん》と談判して、台南は支那の管轄内か否かについて談判しても埒《らち》が明かず、今度の抗議はまるで前言と矛盾している。それで公使からさらに突っ込ませると、人をやるとは聞いたが兵を出すとは聞かなかったなどという屁理窟《へりくつ》を言い出す始末だ。こんな調子で談判は容易に決せぬが征台軍の方はドンドン戦争をやっている。(明治四十三年十一月二十一日)

(二)

こういう工合で北京政府との談判はぐずぐずでなかなか要領を得そうにない。また、一方の征台軍の方では、盛んに軍を進めていたがついにだんだんと悩んできた。先頃の討蕃隊の苦戦から推し測っても分かるが、なかなか戦争も苦しい。それに流行病が蔓延《まんえん》してきて、兵士が大変仆《たお》れた。戦死するものより病死するものの方が、十倍も二十倍も多かったのでもその猖獗《しょうけつ》のほどは分かる。

も一ツ困ったことは支那の兵隊もやはり台湾へ来ておる。そうなれば我が兵と支那の兵とが誤って衝突を起こさぬとも限らぬ。少し物が間違えばたちまち起こる。そんな事情からして事件はすこぶる六《むつ》かしくなってきた。何事にでも国家の難事には自らその任に当たる大久保は、いよいよ全権を帯びて北京へ出かけることになった。

八月一日に勅命が下った。お言葉の中《うち》に両国平和のために遣わすけれども、事と場合によりては自分で和戦を決してもよろしいという仰せもあった。北京へ着いたのが九月の十日で二、三日中に談判が始まった。談判は清国総理各国事務衙門というところへ行ってやるので、先方《むこう》は各部大臣が列席でやる。時によっては此方《こちら》の宿へ大臣連中が推しかけて来てやることもある。一行の泊まった宿は独逸《ドイツ》のフロシャ人の立てた旅館で、万事西洋風ではあったが、随分お粗末なものであった。一行はこの旅館の全部を占めた。それでもまだ人数が溢《あふ》れて私どもは支那人の家《うち》にいた。もっとも昼は皆がこの旅館へ行っていた。食事は一切西洋料理で、市中で支那料理を喰《く》ったこともある。

会議に列《つら》なるのは太田資政と鄭永寧《ていえいねい》の二人が支那語の通弁をやるので随《つ》いて行く。

前々《ぜんぜん》の関係もあり、現に公使をやっていたので柳原前光も列席する。しかし、これは直接談判の衝に当たるのではない。それに金井之恭、これは筆記をやった。直接会議の席に列なるのはこの四人だけだった。談判は毎日やる訳ではなく、今度は何日《いつ》の何時という工合に日を定めてやり、その間々に書面のやり取りもやった。先方は諸大臣列席でやるのだが、中心になってしゃべる奴は文祥《ぶんしょう》と言ったと思う。これは満洲人で大学士、軍機大臣中の主席であった。他の大臣連は時々言葉を挿むくらいだ。

ナニ？　ボアソナード？　ウムあの博士か。彼《あれ》は顧問として随行したが、席には列せなかった。ボアソナードは大変大久保公に感服して、外交談判はあの調子でなければ駄目だと言っていたそうだ。大久保公は最初に台蕃はどういう証拠でそちらの領分じゃと言わるるかと突き込んだ。これには先方も窮して、税を納めているからとかなんとか言いぬけた。この領土論がなかなか解決しない。お互いに主張するばかりで水掛け論である。

大久保公も宿にいて時々「どうも支那の奴はヌラクラでかなわない」と言って苦笑しておられた。ついに公は総理衙門に向かって、本大臣は両国の平和のために来たのであるが、両方の主張がこれでは結句駄目らしい、もはや本大臣は使命を抛《なげう》って本国に帰るより外はない、ただここに一条の活路がある、それは両方に便宜な方法を取ることである、と言って暗に最後の通牒《つうちょう》を送られた。

初めは条理を立ててやり、敵の屈するを待って相当の条件を持ち出すはずであったが、相手が支那人だからついに露骨に出られたのである。当時この両国に便宜な方法を、両弁の便法と言い伝えたものだ。一切従来の談判を忘れて、お互いにただ善後の策のみを講ずるという主意であった。(明治四十三年十一月二十二日)

(三)

大久保公の考え出された両弁の便法は、今までの根本的の問題を議することは一切忘れてしまって、ただ今後の両国の平和を結ぶには、どうしたらよいかを講ずるのにある。で、まア平たく言えばどちらかが相当の条件を持ち出して、譲り合って物分かれにしようというのである。だから、こちらから持ち出すのは面白くないから差し控えておる。先方も容易に持ち出してこない。

両方睨《にら》み合いで埒《らち》が開かぬから、大久保公はこちらから切り出して「第一に本国が琉球人殺害の罪を問うために、台湾へ兵を出したについては、随分金も費《かか》っておる。それに対して、なんとかなされようはありませぬか。また、第二には、もともと我が国は義のために兵を出しておるのだから、今こういうハメになった以上は、ただで撤兵をする訳にはゆかぬ。これに対しても貴国の方でなんとかなされようはありませぬか」と言われた。

すると、支那の方で「兵をお引きになるのは当たり前である。全体もともと……」とまた元にかえるので「イヤ両弁の便法には、根本は一切論ぜぬことになっている、今になって根本問題に溯《さかのぼ》るのなら止めましょう」という工合で、両方から根本は一切言わぬことになった。それでまア大久保公の方では、陰に償金を出せという暗示をされるのだが、なかなか先方もそれは出しにくい。打ち開けて言えばこちらも懲罰の実はもうすでに挙がっていたので、いつ撤兵したって差し支えないのだが、支那がシャシャり出るものだから、にわかに動く訳にもゆかぬ。

支那の方で言ってみても、この際償金を出しては大国の威厳に関するので面目上金は出しにくい。そこで先方では「それでは禍《わざわい》を被った琉球人とその遺族とへ清国皇帝から撫恤金《ぶじゅつきん》を出しましょう、それで辛抱して兵をお引きなさい」と言う。そんなら幾ら出してくれるか、またその旨の書き付けをもらいたいと言ったら、それは皇帝の思し召しだから幾らとも言えず、またまだ奏上せぬから書き付けは書けぬという。そこで大破裂になってしまった。

大久保公も先方になんらの至誠がないのだから、こうなっては遺憾ながら平和の使命を抛って、本国へ帰るより外に仕方がないと思われて、では何時何日《いついくか》には帰国するという最後の通牒を送って、いよいよ明日北京を立つことになった。本国へもその旨を言い送って戦争より外に仕方がないと決心されたのである（記者、このときさすがの大久保公も、この大破裂になった日は顔色《がんしょく》が穏やかでなかったでしょう、と問う）。イヤちっともそんなことはない。公は人が愕《おどろ》いたり急《せ》き込んだりするようなことに逢えば逢うほど沈着《おちつ》かれた。この時でも平気なもので顔色は曇ってもいなかった。（明治四十三年十一月二十三日）

（四）

この大破裂になる前からしてしばしば英国の駐清公使ウエードという人が旅館へ訪ねて来た。そして、談判の模様を聞くとともに、大久保公の意中なども訊ねていた。それは英国はこの時分清国と盛んに貿易をやっていたので、日清の間に事ある場合には英国も困るので、大久保公の心持ちを探ってそろそろ仲裁に這入《はい》る下地を作っていたらしい。支那の方でもウエードにその下心のあることは知っておるから、この大破裂の夕方に各部大臣が五、六人で英国公使館へ推し出して行って、最後の通牒を見せてウエードに泣きついた。

そこで英公使は早速こちらの旅館へやって来た。そして、どうしても帰るのかと言う。イヤ大日本国は平和は元より望む所であるが、どうにもこっちの条件が通らぬから帰るという。そこでウエードは償金の額なども訊ねていたが、公はそれはこちらから切り出されなかった。で、さらに持ち出した条件は、第一に、我が懲罰の兵を義挙と認めるか、これが聞きたい、第二には、後来このことについて紛議の根を絶つために、この議は此度《こんど》かぎり撤回すること、第三には、琉球人《りゆうきゆうじん》へ撫恤金《ぶじゆつきん》を出してくれた上、一軍用費の償金がもらいたい、今度わが征台軍が新たに作った道路や堡塁《ほうるい》は、後で支那人が使うのだからこの費用はもらわぬと困る、この三ツが決してから撤兵しようと、これだけを申し出した。後に両国で定めた案文がこの時にできたのである。

それから英国公使はすぐ総理衙門《そうりがもん》へ行って清国の大臣にこのことを話すと、大臣連中はビクビクものでいた最中だから話は早速運んだ。そこで破裂は再び整って北京条約は出来上がった。条約を平ったく言ってみると、

一、日本国此度《このたび》の事はもと保民義挙《ほみんぎきよ》のために起こしたる事にして中国は之《これ》を不是《ふぜ》となさず。

二、害に逢うた難民の家には、撫恤の銀両を出だし、又日本の開拓建営せるものは清国これを用うる故其の費を差し出す。

三、此度の事に関する往復はこれ限り撤廃し台蕃の兇人《きょうじん》は中国自ら之を制す。で、金子《きんす》は琉球難民への撫恤金が十万テール、軍費の償金が四十万テールで合わせて五十万テールであった。この額の幾倍も費《つか》ったのだろうけれども、事情を察してこの辺で折れ合われたものらしい。

談判振りや滞在中の話は後でするが、要するに清国がかく折れて出たのも、大久保公は普通の使臣でなく、この人の意中で日本の態度はどうでもなるのだと聞いていたので、私《ひそ》かに恐れていたのと、公の談判がピシリピシリと急所を衝いて条理がキチンと立っていたので、いつまでもノラクラで逃げていることはできなかったのとにあると思う。（明治四十三年十一月二十四日）

（五）

北京談判について感ずるのは、その談判振りの巧《うま》かったことよりも、公の担任力の強いことである。この大事件に自ら振るって出かけられたのは、元より主上の御見込みにも依ることであるが、公が大事に自ら任ずる力の大きいのに依るものと言わねばならぬ。談判振りは条理をつきつめてまっすぐにいったもので、激昂《げっこう》もしなければ凹《へこ》みもせぬ。これには支那人も手のつけようがなくてよほど困ったらしい。それでも支那人が遷延緩慢を極めて、左へ右へとヌラリクラリやるものだから談判は随分長くかかった。毎日ではなかったが、九月十日に着してから、談判の終わったのが十月三十一日で、ちょうど五十日間である。

滞留中随行員連中はよく見物に出かけたが、大久保さんは始終旅館におられた。ごく閑《ひま》な時に二、三度見物されたに過ぎぬ。旅館におられる時は、別に考え込んでいる風もなかったが、ただ黙ってシガーを吹かしておられた。それでも心中は余裕綽々《しゃくしゃく》たるもので、私どもはよく北京の町を歩いて骨董《こっとう》書画の類を買ったものだが、時々つまらぬものを摑《つか》ませられて帰ることがある。それが誰かの口から大久保公の耳へ這入《はい》ると「先日は貴方《あなた》は良い物を買われたそうじゃが」など冗談口を言われたこともある。

それから支那の大臣連の話が出る時などには、時々どうも優柔な奴だと言っておられた。責任を少しも疎《おろそ》かにせぬ人で、談判中は始終三条《さんじょう》（実美《さねとみ》）公と岩倉《いわくら》（具視《ともみ》）公とへ手紙を書いておられた。国の方ではいろいろ輿論《よろん》があって、開戦説も随分やかましい。それがためであったか、談判の纏まった時に、黒田《くろだ》（清隆《きよたか》）開拓使長官へ長い手紙を書いてやられた。その手紙はまだ残ってあるはずだ。纏まってから撤兵の工合がスラリと行かぬと困るので、私どもは先へ帰れと言って、自分だけ少しの随行を連れて台湾へ行かれた。随行は大抵上海《シャンハイ》で別れて帰って、公は金井と太田この二人ほどを連れて台湾へ行き、西郷《さいごう》（従道《つぐみち》）都督と撤兵の打ち合わせをされた。

談判の済んだ時は、別に喜びの情も見えなかったが、通州から天津《テンシン》へ来る川船の中でこういう詩を作られたから見ると、公の真情は察せられる。

奉勅単航向北京　黒烟堆裏蹴波行
和成忽下通州水　独臥蓬窓夢自平

転結の如きは真に実景実情で、どことなく安心された様子が見える。しかし、公はあまり事を専決して御譴責《ごけんせき》を蒙《こうむ》りはしないかと思って帰られたが、横浜でも東京でも、至る処国旗を掲げて祝意を表してくれたので意外であったとのことである。嘉尚《かしょう》の勅が下って、次にいろいろの下され物がある。公は辞退されたが、お允《ゆる》しがなかった。（明治四十三年十一月二十五日）

30　台湾行……小牧昌業

小牧昌業氏談

記者曰。小牧昌業氏が北京談判中の大久保公の物語は、定めて読者の興味多く読過したまいしところなるべきが、その後、同氏よりなお余談ありとて、記者に漏らされしもの、また実に公の真面目《しんめんもく》を見るに足るべき逸話なればここに掲ぐ。

この前も話したとおり、北京の談判も首尾よく終わったので、この上は台湾の兵をすらっと撤しなければ、せっかくの平和が破れては何にもならぬというので、自身で台湾へ行かれることになった。この台湾行は全く公のこの使節の任務外のことである。大抵の人ならば、台湾の方は西郷《さいごう》（従道《つぐみち》）さんがいるからぐらいで帰ってしまうところを、公は自ら進んで行かれた。よほど心配されたからであろうが、これで以ても公の担任力の厚いことがわかる。

撤兵の期限を誤らぬよう、支那兵と衝突を避けるようとの考えで、十月といえば日本では新秋だが、彼《か》の地ではまだ残暑が烈しい。殊に兵が流行の悪疫でドシドシ倒れたという炎瘴《えんしょう》の地へ、好んで赴かれたのである。で、北京《ペキン》随行の連中は、天津《テンシン》から帰されるのもあり、上海《シャンハイ》から帰されたものもあった。私は天津から帰朝した中《うち》の一人《いちにん》ですから、公の渡台中のことは直接には知らぬが、後になって随行したものに聞いたのである。

台湾へは三、四人を具して行かれた。あの地に渡られてから撤兵その他、善後のことが手際よく運んだのは人の知るとおりで、今言う必要もない。が、今も言うとおり、この地では流行病が盛んで、兵の死亡するものが大変に多かった。これらは運送の都合上、戦地に仮埋葬がしてあった。大久保公は上陸してのち、西郷都督に逢いに行かれる途上、道傍《みちばた》に続々として将卒の仮埋葬がしてある、埋葬した上には、勲位姓名の記した墓標が立ててあるのだが、数多い中《うち》にはあるいは倒れているのもある。あるいは傾きかけているのもある。大久保公はこの墓標を見るたびに礼をされたが、倒れたり傾いたりしているのを見ると、炎天の中にかかわらず、立ち止まって叢《くさむら》の中に入って、一々それを建て直しては礼をして行かれた。この時に随行の者は大久保公の好誼《こうぎ》心《しん》に感じて涙を流したそうだ。この話はこの時随行の金井之恭《かないゆきやす》が常に人に話していたことだが、実に大久保公の情に厚い親切な真摯《まじめ》な性質が見える話ではないか。
(明治四十三年十二月四日)

監修者注　小牧昌業の経歴は八一頁に掲載。

第三部

裏霞ヶ関の大久保利通邸

31　京都時代……山本復一

山本復一氏談

山本復一氏は鴻堂《こうどう》と云《い》って、今は京都の漢学者であるが、維新の際は志士として天下のために奔走し、戊辰《ぼしん》の前後には岩倉《いわくら》（具視《ともみ》）公を輔《たす》けて王政復古を全うせしめた人である。維新後は岩倉公の秘書として、なにくれとなく大政の枢機《すうき》に参した。氏は維新の諸英雄に関する幾多の珍しき史料を有しておられ、かつ人の知らざる書簡なども多く所有しておられる。氏を佐久間町の宿に訪《と》うと、

大久保さんの話は、大変面白く拝見しています。私は岩倉に接近していたから、大久保さんのことも、したがって、知ってはおりますが、逸事逸話などはあまり知らない（と言いながら氏は傍らより厚紙につつみたる赤き綾の布《きれ》を取り出して）。これは維新の頃、大久保さんたちが内密で作った錦の御旗《みはた》の日の丸の一片です。なんでも十

二月九日の大改革の前に、ぜひとも幕府と一戦を交えて、血を以て天下を復古する必要がある、それには錦の御旗が二旒《りゅう》は要《い》るというので、大久保さんがお妾《めかけ》のおゆうさんに頼んで錦地を買わさした。

おゆうさんは一力亭《いちりきてい》の娘さんでした。よほど注意をして買わぬといかぬというので、おゆうさんはなんだかを作るのだと言って買いにゆかれたのだが、それは記憶がありません。大久保さんと岩倉さんと相談して買わしたのだ。そして、すぐ品川弥二郎《しながわやじろう》の潜伏している宿へ、そっと持たしてやった。長州はその頃、表向き京都へ来ておれぬので、広沢《ひろさわ》（真臣《さねおみ》）や品川は薩摩《さつま》の庇護《ひご》の下に京都へ来て宿で忍んでいましたが、品川はその頃寺町《てらまち》の白梅小路《しらうめこうじ》にいた。おゆうさんがそれを持ってゆくと、品川はそれを以て山口へ帰り、秘かに錦の御旗二旒を作らした。一は山口に残して、一は薩邸の相国寺林光《しょうこくじりんこう》の処《ところ》へ持っていっておいたそうだが、後になって有栖川《ありすがわ》総督宮が関東御征伐のことにお用いになったのがこれである。今は陸軍省に一ツあるはずだ。

この旗を作った者が知りたいと思って、先日問い合わせたところ、萩《はぎ》の有職師《ゆうしょくし》の岡《おか》吉春《よしはる》という者が作ったのだそうで、その頃、布《きれ》を裁《た》ったり縫ったりした細君がまだ生きておるそうです。この岡吉春の子は、陸軍少将になって、岡市之《おかいちの》助《すけ》氏と言われる。錦の御旗を作った有職師の子が陸軍少将になられるなどは、縁というものは不思議な

ものです。作ったのは山口の御屋形《おやかた》の内だとのことです。これは後に品川から直接聞いた話です。（明治四十三年十一月二十七日）

32　岩倉と大久保……山本復一

山本復一氏談

（一）

戊辰《ぼしん》の戦争の前には大久保公は京都の石薬師《いしやくし》の寺町を東に入《い》る処《ところ》におられ、岩倉《いわくら》（具視《ともみ》）公は岩倉村に蟄居《ちっきょ》を命ぜられておられた。和宮《かずのみや》御降嫁のことから奸物《かんぶつ》と見なされて朝廷から斥《しりぞ》けられたのである。公武《こうぶ》合体《がったい》を計ったというので外の志士からも岩倉は大奸物だとされていた。しかし、大久保公とはよほど肝胆相照《かんたんあいて》らしたものとみえて、岩倉が志士連中の憤慨を買って、動《やや》ともすると暗殺されはしまいかという危虞《きぐ》があって、大久保は密かに護衛のために薩摩の兵を遣《や》っておいた。だから、大久保公はしばしば岩倉公の蟄居しておる処へ忍んで行かれた。

私はその頃、岩倉公の側についていた。岩倉公から大久保公の邸へ訪ねてゆかれることもある。これはしかし蟄居中だから夜陰《やいん》に乗じて忍んでゆかれるのである。今の香川敬三《かがわけいぞう》なども伴をして行ったのだそうだが、私も始めは岩倉公は奸物だと思い込んでいたので、外の志士から岩倉の本心は吾々が考えいたのとは違うと言われても、イヤ彼《あ》の男に近づいてはいけないと言って、行かなかった。

品川弥二郎《しながわやじろう》もやはり岩倉公を疑っていた連中の一人《いちにん》で、後に私に次のようなことを話されました。なんでも戊辰の変のずッと前に、京都木屋《きや》町の宿で久坂玄瑞《くさかげんずい》、真木《まき》和泉《いずみ》などの連中が集まって、品川と岩倉暗殺の密謀を凝らし、早速岩倉の居処《いどころ》を衝き止めるがよいと言うので、北山迷蔵《きたやまめいぞう》に探索をさした。ところが、中山忠光朝臣《なかやまただみつあそん》がこの話を聞き込んで、岩倉はそういう男ではない、暗殺は止《よ》した方がよかろうという。それでひとまず思い止《と》まった。

その後、慶応三年の十月の六日の夜、もう十二月の改革に間もない時である。大久保公は品川を伴って岩倉公を訪《と》われた。岩倉村中御門経之《なかみかどつねゆき》卿の別荘にいたのへ、いつもの如く忍んでゆかれたのだ。そして、種々の密議を凝らしたのだが、品川はかねね大久保から話は聞いていたが、この時初めて岩倉の非常な豪傑であることを悟ったという話である。その帰り途《みち》に品川は大久保に向かって、岩倉は非常な豪傑で愕《おどろ》いた、暗殺しなくてよかったと言われたそうである。

これは品川の直話《じきわ》ですが、高崎正風《たかさきせいふう》《まさかぜ》さんもいつか彼《あ》の人の国で、岩倉を暗殺する計画をしていて、後に思い止まったものがあると話されたことがある。あの時分にあれほど疑われていて大奸物とされた岩倉公に対して、大久保さんはすでに肝胆相照らしていたのをみると、両雄の非凡であったことは分かる。（明治四十三年十一月二十八日）

（二）

慶応三年もいよいよ押しつまって十二月の末には将軍慶喜《けいき》《よしのぶ》は京都を脱して大坂城へ行った。この時に慶喜を討つ討たぬの大談判が持ち上がった。結局、討つことになったが、これには岩倉、大久保、西郷《さいごう》の力が多い。伏見《ふしみ》、鳥羽《とば》で東軍を撃破した力は西郷にあるが、内にあって廟堂《びょうどう》の動《やや》ともすればグラグラするのを喰《く》い留めて、ビリッともさせなかったのは岩倉と大久保とが御所に控えていたからである。さらでもグラグラのあの時の朝廷に、もし岩倉、大久保がなかったら、結果はどうなったとも分からぬ。大西郷をして安んじて戦わしたのは岩倉、大久保である。

けれども、慶喜が大坂城へ行った後も、岩倉公は徳川《とくがわ》尾州大納言（慶勝《よしかつ》）や松平《まつだいら》越前守（春嶽《しゅんがく》）らに嘱して、京坂の間を奔走せしめて慶喜公を暁諭《ぎょうゆ》さしたことがある。烏丸光清《からすまるみつきよ》（光徳《みつえ》）卿がこのことを聞いて岩倉を疑った。この際になってから、なおかつ彼は佐幕の心があるかと言って非常に立腹した。けれども、烏丸卿には岩倉の心中は分からなかったのである。正月三日に烏丸卿が出勤すると、早鳥羽《はや》、伏見の戦端が開《ひら》けた。鉄砲の音がドンドン聞こえる。烏丸卿はこれを聞いて愕《おどろ》いて御所に駆けつけて、非蔵人《ひくらんど》の松尾但馬《まつおたじま》（相永《すけなが》）守《のかみ》を召して、あの砲声はどうした訳だ、岩倉は大事を誤った奴だ、刺してしまわなければいけぬと言って、非常に立腹して席を蹴《け》って立った。但馬も愕いて、この際岩倉さんを刺しては困ると言って阻止したけれども、なかなか聞かず、プンプンして休憩所へ岩倉を探しにいった。岩倉はこの時に休憩所でうたた寝をしていたのである。

なにしろ朝からの砲声がだんだん酣《たけなわ》になって、御所の戸障子にピリピリと響くほどである。御所の中は戦々兢々《せんせんきょうきょう》である。その中でグウグウうたた寝をしておる岩倉公を見て、さすがの烏丸卿も愕いて殺しかねた。そして、そッと岩倉公を揺《ゆす》り起こして、「岩倉さん、いよいよ大事は去った。あの砲声をお聞きなさい。官軍は敗北して逃げてくる。もう駄目ですぞ」と佯言《いつわり》を言ってみたところが、岩倉はちッとも騒がず、「そうかそれでは仕方がない。主上のことは薩摩の大久保などとも相談して、丹波路《たんばじ》から行幸《ぎょうこう》になるようにしてある。吾らは一戦して死ぬばかりじゃ」と言った。これには烏丸卿もまいってしまって、もう刺す勇気もなかった。これは松尾但馬守の直話ですが、先ずこんな調子で岩倉と大久保の豪胆と智略、これで以てあの時の朝廷を堅固にし、あの大事を成すことができたのである。

大久保公は非常に果断に富んだ寡黙な人であった。西郷とは兄弟のようであったが、西郷が桐野《きりの》（利秋《としあき》）や逸見《へんみ》（辺見《へんみ》十郎太《じゅうろうた》）なんどいう武力派に擁立されてあの始末を演じたために、とうとう大久保公も兇変《きょうへん》に遭われたが、国家のために惜しいことでした。（明治四十三年十一月三十日）

山本復一《やまもとふくいち》　一八四〇（天保十一）年〜一九一二（大正元）年　京都の人。祖父亡年、父榕堂《ようどう》ともに本草家として知られた人物である。鴻堂《こうどう》と号す。幕末の京都で国事運動にかかわり、一八六七（慶応三）年十二月に岩倉具視の側近となった。一八七一（明治四）年、岩倉全権大使の秘書として渡米したが、翌年、大久保利通、伊藤博文の一時帰国に随って帰国し、そのまま職務を辞し太政官に出仕した。岩倉の死後は官を去り、孝明《こうめい》天皇や岩倉具視の事跡調査に当たった。一八九七（明治三十）年、京都愛宕神社祠官となる。

33　公の怒気と愉色……速水堅曹

速水堅曹氏談

大久保公に関するお話は私にはあまりありません。あっても公務上の秘密に属することばかりでお話することができない。大久保公は内治に熱心で、殊に殖産興業には非常に力を入れておられたから、それがために私どもも御採用になった次第でありますが、しかし私は初めは判任《はんにん》で、その頃は判任官などは直接内務《ないむ》卿《きょう》などにお目に懸かって公務上の話は、ちょっとできにくかったものですから、みな河瀬《かわせ》秀治《ひではる》君が取り次いでくれました。

それから大久保公は碁が大好きで、五代友厚《ごだいともあつ》は公の碁のお相手として毎日お側に上がっていた。前後に五代友厚ほど公に可愛《かあい》がられたものはありますまいが、私事について公に話したいことは、この五代から取り次いでもらった。先方も多忙なり、私も気が置けたから、大抵のことは五代に頼む、五代は私とは莫逆《ばくぎゃく》の友だちで、互いに非常に信用していたものですから、言えばすぐその晩に行って話してくれた。そんな調子で表面上のことは河瀬に頼み、裏面の内相談は五代に取り次いでもらっていましたから、直接逢って話したことが少ない。したがって、逸事逸話のようなものはもちません。

しかし、公の公明厳正であったことは、あれまで可愛がっておられた五代からの話でさえ、善いことはすぐ採用するが、少しでもよくない点があるとみれば、ビシビシ刎《は》ねつけてよこされた。

平生は非常に沈黙な人で、用事は一言《いちごん》で弁ずる方でした。それに人を叱《しか》るということは少なく、また笑うことも稀《まれ》であった。後に私が奏任《そうにん》に進んでからは、しばしば話をしたが、一度ビシリと叱られたことがあった。それは士族授産のことの時である。なんでも英国から千八百万円ばかり金を借りて、それで以て士族に産を授けようとされた。私はそれを聞いて千八百万円ばかりの金で以て城禄奉還をした士族を、普《あまね》く安んじさすことはできず、また士族もそうしたことをしなくても、各自で農なり工なり商なりへ赴けば、それでいいではないかと思ったから、そのことを大久保公の前で話して、士族授産はつまらぬと言ったら、大久保公は私をギロリと睨《にら》んで「すでに勅《みことのり》が出た」とただ一言いわれた。ビシリと頭に応えて、私は黙って還ったが、イヤもう恐ろしい威厳で、私は生涯あんな怖《こわ》いことはなかった。

また、一遍は、大久保公が笑われたのを見たことがある。なんでも政府にやりたい事業はあっても金がなくて困るということから、維新以来の国歩艱難《かんなん》の話をして、愛国心というものは、私が一点あってもいけぬ、今日吾が国があの艱難の中をとにもかくにも無事に過ごしてここまで来たのは、公がなんらの私心なくして、国のためにお尽くしになったからだというような意味を暗に話したところ、これはさすがに公の心に叶《かな》ったとみえて、ニッと笑われた。微《かす》かに、笑われた。私は追従のつもりでなく、衷心そう思ったから言ったのだが、公はそれぐらいのことはよく睨んで知っておられる方だから、一点でも追従の心地があれば叱られるところであったろうが、私の心持ちを知っておられたと見えてニッと笑われた。私が知っておる範囲では公の顔に喜色の浮かんだのはたッたこれ一遍である。(明治四十三年十二月一日)

34　大黒柱仆る……速水堅曹

速水堅曹氏談

三百万円の金で以てなにか大きな事業を私にさしてくださるつもりであった。この間のことは公と私との胸中にあったことで、今しゃべるわけにゆかぬが、なにしろその当時の三百万円の金は、決して容易なものでなかった。それを大久保公は私を信じて断然任せてしまった。私もその誠意には感じました。それでいよいよやるとはなったけれども金がない。そこで大久保公は親しく諸官省を廻って、一々調査をされ大改革を施された。これが明治十年一月の大改革で、十一日の御用始めから実行された。この時に官名もたくさん変わり任免も大変多かった。

これで諸官省の冗費を除いて有用のことに使用しようとされたのである。これがために多少金のできる見込みが立って、さアやろうという時になって西郷《さいごう》（隆盛《たかもり》）が立った。大久保さんもこれには全く精神を悩まされた。なにしろ骨肉以上の親友を賊にするのですから心配は非常であったでしょう。これがために例の計画もおじゃんになった。十年の末に戦いが了《おわ》ったところが、この戦争で使った国庫の欠損が千二百万円であった。さしずめこれを埋めなくてはならぬので、大久保公は千二百万円の起業公債を募らんとされたが、幾ばくもなくして兇徒《きょうと》の手に仆《たお》されておしまいなすった。

この話を聞いた時には、私は国家の前途はどうなることかと思いました。なにしろ日本の大黒柱は仆れたのだ、この先は御維新以上の艱難《かんなん》だと思いました。私はとにかく公の遺志を遂行したいと思って、その話を以て岩倉《いわくら》公の所へ行ってみた。なにしろ岩倉公も大久保公の兇変《きょうへん》の後で気が気でないとみえて、それは俺がやる、やるにはやるが十四年まで待ってくれ、それまでに政府の改革をやるからその手伝いをしろと言われる。そんなことはお門違いで困ると御辞退したが、お許しがなくて、間接に公のお手伝いをしていましたが、その内に喰違《くいちが》いの変《へん》は出来る、十四年には右大臣（岩倉具視《ともみ》）もなくなりまして、ついに例の話はもう駄目になりました。

このお二人がなくなっては日本は暗《やみ》だ、私などはもう死んだ方がよい体と思って、田舎へ引き込んでしまいました。なお西郷、大久保両雄の心事については世の中の人の知らぬ秘密があるのです。誰も知りませんが、ただ五代友厚《ごだいともあつ》だけは知っていました。私も聞きましたが、これは死を以て言わぬと誓ったことだから、五代亡き後ではあるが、語られませぬ（記者、それではその秘密は貴下百歳の後は永久に秘密として埋没するわけですなと言えば「そうです。仕方がありません」とて憮然《ぶぜん》として目を閉じて感慨の面持ちをされる）。（明治四十三年十二月二日）

監修者注　岩倉具視が襲撃された赤坂喰違いの変は、明治七年一月十四日のことであり、また岩倉が亡くなったのは明治十六年七月二十日で、速水の記憶違いがある。

35　大久保公と伊藤公……速水堅曹

速水堅曹氏談

大久保公のことを今から考えて最も感ずることは、もし公が在世であったら、どれくらい一国の風儀や人民の思想が堅固で堕落しなかったろうか、と思われることです。下々の者はどうしても上《かみ》にあって一国の政をするものの所為《しょい》を学びたがる、今の日本人が風俗において堕落しており、かつ拝金宗に奔《はし》ってしまったというものは、上に大久保公のような厳正な清廉な方がないからだと思います。公の亡くなって後、こうして不自由な体を生き長らえていますが（氏は片脚を傷めおられ歩行に難渋せらる）、つくづく世のありさまを見て慨嘆に堪えず、公のことばかりが忍ばれます。公の十年祭の時には、

千早振る神はなにとかおぼすらむ　昔へし国のすがたを

という和歌を霊前に供えましたし、十五年祭の時には、

神ながらみそなひたまへ夏のきて　いやことくさのしげる広野を

というのを捧《ささ》げました。

公が在世の頃は、官民共に奢侈《しゃし》に流れるなどいうことはなかった。殊に官吏は品格の厳粛なもので、上にある大久保公があのとおりだから、役所の出入りにでも威儀を正したもので、上下の区別が整然として皆がキリッと締まっていました。

大久保公が兇変《きょうへん》の後へ伊藤《いとう》（博文《ひろぶみ》）公が内務卿《ないむきょう》になられた。これから役所の風や役人の風がすっかり変わってしまって、なにしろ大臣が先に立って舞踏をする始末だから察しはつく。

大久保公と伊藤公との内務卿ぶりは全然正反対であった。もっとも伊藤公はよほど大久保公の精神を学んでおられたそうだが、部下の役人どもに対する態度や事務の取りぶりはまるで違っていた。大久保公になにか頼みがあってゆくと、初めから終わりまで黙って聞いていて、こっちがしゃべってしまうと「それだけか」と言って、最後

によいなら「ヨシ」、いけなければいけない、と言われるだけであった。

伊藤公は趣が異《ちが》う。伊藤公へ私が旧藩のことで頼みがあって行ったところが、私がしゃべっている間、公は始終反古《ほご》に楽書《らくが》きをしておられる。一向身を入れて聞いていそうにないので、憤慨して帰ろうとすると、公はちょっと呼び止めて、では貴方のお話はこうこうですなと、今私の言ったのを繰り返して言われる。それが私の言ったよりは条理も立ち、行き届いておるので感服してしまいました。大久保公ならヨシと言って帰されるところだが、伊藤公はすぐ砕けて、そうですか、じゃ、まア、なんとかやっつけるさ、どうにかなるだろうといった調子で、心置きなく話をまとめられました。大久保公の前へ行くと、言うだけのことしか言えず、身がすくんだものだが、伊藤公は実にキサクなもので誰とでも議論をされた。(明治四十三年十二月三日)

速水堅曹《はやみけんそう》　一八三九(天保十)年～一九一三(大正二)年　前橋藩士。一八七〇(明治三)年、スイス人技師ミューラーを雇い入れ、日本最初の洋式機械製糸所である藩営前橋製糸所を設立。内務省設置にともない一八七四年三月内務省勧業寮に出仕した。一八七六年のアメリカ・フィラデルフィア万博では繭生糸の審査員を務めたように、内務省の殖産興業政策を推進した技術官僚である。大久保の死後、一八七九(明治十二）年三月、官営富岡製糸所長に迎えられ、以後長年にわたり在任した。

36　西南役時代……松平正直

松平正直男爵談

大久保公には私は親近《しんきん》していたから、比較的公のことはよく知っておるが、逸話などはあまりない。なにしろ寡黙な方正な方であったから面白い話などはない。しかし、私の大久保公の人格について最も感じたことは西南役《せいなんえき》の時であった。私学校党が騒動を起こした時は、大久保公はまだ東京におられたが、いよいよ西郷《さいごう》も混じっているという確報が来たので、その頃京都行幸中であった陛下の行在所《あんざいしょ》へ行かれた。

私は東海道を巡回している最中であったが、鹿児島が反したと聞いて、種々《いろいろ》相談もあり、大久保公にお目にかかる必要があって西京《さいきょう》へ行った。公は木屋《きや》町の宿におられた。朝早く宿へ訪ねて行ったら、大久保公一人《いちにん》で傍《そば》には誰もおらずシミジミと話をした。だから、誰も知らぬ話である。

すぐ鹿児島の話が出たが、公は困ったものだと言われ、いよいよ西郷と別れねばならぬと言って嘆息された。私はこの時に非常に感じた。英雄の心は普通の人には分からないものだと思って非常に感じた。

公は涙は流されなかった。涙こそ流されなかったが、実に感に堪えぬ面持ちで「実に遺憾なことだ。しかし、こんなことのありようわけがない。私《わし》が今こうして瞑目《めいもく》して西郷のことを考えてみるに、どうしてもこんなことの起こりようがない」と言って目を瞑《つぶ》って仰向《あおむ》いておられた。

今にも眼に見えるような心地がする。大久保と大西郷とは骨肉以上の仲であった。君が死ねば俺も死ぬという、他人の窺《うかが》えぬ仲であったのを、あのような事情になったのだから感慨は無量であったろうが、しかし公は朝廷のためには止むを得ぬと言って、思い切って征討の兵をお出しになった。

その時は西郷のことはあまり話されなかったが、今でも逢えばすぐ分かるのだ、逢えばなんでもないのだが、逢えぬので困ると言われたが、この時私は全く大久保さんの方が上だと思った。この誠心があってこそ天下の柱石にもなられたのだと思った。征韓論《せいかんろん》で分かれて以来、西郷はああいうことになったが、大久保公とは今言う如き交わりであったから、凡人の心で考えるとなんとか初めに都合がつきそうなものであったろうが、どうもあれくらいの英雄の心事になると、吾々どものようにはゆかないものとみえる。一挙手一投足がなかなか大きい影響を天下に及ぼすのだから、オイソレと言って、軽々しく逢うこともできなかったのだろう。(明治四十三年十二月五日)

松平正直《まつだいらまさなお》 一八四四(弘化元)年~一九一五(大正四)年 福井藩士。戊辰戦争の際に越後口軍監として戦功があり、一八七〇(明治三年)九月、民部省に出仕して政府官僚となり、内務省の新設にともない一八七四年二月内務少丞に就任し、一八七七(明治十)年に内務権大書記官となり、大久保内務卿の信任を得た。その後、宮城県知事や熊本県知事を歴任。貴族院勅選議員、枢密顧問官も勤めた。この談話は枢密顧問官就任間もない時のものである。

37　当時の紀尾井町……高島鞆之助

高島鞆之助子爵談

小春の日影が外濠の堤に柔らこう映《さ》したある日の午前、記者は赤坂見附《あかさかみつけ》から紀尾井町《きおいちょう》の方へと弁慶橋を渡っていた。贈右大臣大久保公哀悼碑に恭しく礼して、公が兇変《きょうへん》当時を偲《しの》びつつ刺客が相図に用いた撫子《なでしこ》の花は、この辺にまき散らしたのだろうと思われる路《みち》を通って、紀尾井坂を左手に取り、高島将軍の玄関に立った。導かれて通った座敷は、二室ぶッ通して緞通《だんつう》を敷きつめた霞むような広さである。と見れば、その座敷の端に、あちら向きに坐った一人《いちにん》の偉丈夫、記者の歩音《あしおと》に大きな軀《からだ》を少しまげて、こちらを向かれたのを見ると、禿《は》げ上がった額の上には頭髪灰白、鬚髯《しゅぜん》も毬《いが》の如く白く光っている、眼のギロリとした平ったい大きな顔である。長さ一尺もある銀の太い煙管《きせる》でプカープカーと煙を吹いて、大久保公の話か、毎日面白く拝見しよう。ナニおいに話せ？　そうじゃのう、公の話ももうあれで尽きている。公にも西郷翁《さいごう》にも、おいは親近《しんきん》していたが、なんとも申しようのない偉いお方じゃった。ああいう偉い人のことを書くにはよほど心得がいるぞ、凡人がみだりに英雄の心事を忖度《そんたく》するようなことがあってはならん（と言ってギロリと睨《にら》まれる。居竦《いすく》まるような感じがする）。

兇変当時の紀尾井町？　ウムそれは淋《さび》しいものじゃった。あの前におい はここを買うたが、どうもヒドイ処《ところ》でのう。樹木というものは一本もなかった。あの樹などは皆おいが植えたのじゃ（と言わるる方を見れば、広くて見遥かさるる庭には、畳の如く小草《こぐさ》美しく生《は》え揃《そろ》ってところどころに大木がニョキニョキと立っている。何も装飾はないながらに無限の風味のある処は高島将軍式の庭である）。

昔はこの向こうが紀州の邸で、ここがオワイ（尾張）の邸、そのむこうが井伊《いい》（彦根井伊家）の邸で紀尾井町じゃ。その頃は名木もたくさんあったろうが、維新後みんな截《き》ってしまった。樹木があっては野蛮じゃというての。樹木のないのが文明じゃそうな。ハハハハ、妙な文明もあるものじゃ。上野や増上寺は免れたが、ここらは樹を切って、すっかり桑と茶とを植えつけてしまった。ここへ立つと赤坂の通りも見えるし、公が兇変にお逢いになった所も手に取るように見えた。

その頃は千代田の御所が炎上の後《ご》で、青山に皇居があり、太政官《だじようかん》もそこにあったので、閣員でも役人でも皆ここを通って行った。弁慶橋もなく紀尾井坂も今とはすっかり変わっている。大久保公も裏霞ヶ関から馬車で毎日ここを通られた。淋しい物騒な処さ。公の御兇変に間もなく喰違《くいちが》いの変がある。平生から人通りの少ない気味の悪い処じゃった。公の兇変の時はここから見えるはずじゃったが、気がつかずにいた。すると、財部《たからべ》という巡査が飛び込んで来て知らしてくれたので愕《おどろ》いて駈《か》けつけた。(明治四十三年十二月六日)

38　西郷・大久保両雄の心事……高島鞆之助

高島鞆之助子爵談

（一）

（将軍はなお言葉を続けて）愕《おど ろ》いて駈《か》けつけたが、もう綷《こと》の切れた後であった（と黯《あん》然《ぜん》とされる。あらかじめ分かっておったということですが、惜しいことをしたものですな、と記者言えば）。そうさ、あらかじめ分かっておったそうじゃがのう。石川県の士族がコレコレの不穏な目的で東京へ入《い》り込んだということは分かっていたそうじゃが、川路《かわじ》（利良《としよし》）大警視が、加賀ッぽうに何がでくるかと言って平気でいたのじゃそうな。この話は間違いはあるまい。その証拠にはあの時においが行っておると、川路はすぐ顔色を変えて飛んで来て、非常に残念がり手帳を出して人名を指《ゆび さ》し、コレコレの六人の奴らの仕業《しわざ》に違いない、口惜《くや》しいことをしたと言って手帳を叩《たた》いて涙をこぼしていた。

今ならあんなこともさせなかったろうし、警戒も行き届くが、何分にも警視庁がそこまで行き届かなかったのじゃ。しかし、なんといっても殺した奴が馬鹿じゃ。あの時代に大久保公を殺すのは、天下を暗《やみ》にするようなものであるというのが、分からなかったに違いない。しかし、それが分からなかったというのも、一は誤解じゃ。大久保の偉いことを知らなかったのじゃ。おいは公に親炙《しんしゃ》していたからよく知っているが、公明で清廉で上御一人《かみごいちにん》に対しては、非常に忠義な心があり、それに政治上の手腕はいうまでもないことで、なんとも申しようのない偉いお方じゃったが、それを殺したのも一は誤解じゃ。世の中に誤解ほど恐《こわ》いものはないのう。

石川県の士族は、西郷翁《さいごう》を殺したのは、全く大久保公じゃというので、復讐《ふくしゅう》のつもりじゃった。このまた大西郷というお方は、実に曠世《こうせい》の英傑で、おいなどは始終傍らにいて可愛《かあい》がってもらったが、どうもその徳というものはお前たちに話したとて、到底分からんのじゃ。西郷と言えば知っているものも知らぬものも、皆がその徳を慕うて親のように思うたものでの……(と言いながら将軍はさも翁のことの懐しい様子で楣間《びかん》にある翁の額を眺められる)。

石川県などはほんの少しばかり翁の御恩があるというので、西南《せいなん》の時には聯絡《れんらく》を取って起《た》つかも知れぬという騒ぎ。善いにしろ悪いにしろ、これ皆翁の徳じゃ。翁には私心がなかった。御維新の後、あの時分に翁に私心があって、無限の名誉心があれば、高い声では言えぬが、実はどんなことでもできた。日本が重いか西郷が重いか分からなかった。その人がお前、官をすっかり退《ひ》いて、おいが尋ねて行ったら肥桶《こいおけ》をかついでおられたぞ。この徳には皆が一言《いちごん》もなかった。その翁を殺したのが大久保じゃ、西南役は翁と公との戦争じゃと、こう思ったのが一般の凡人の考えで、加賀の奴らもこの誤解からあんなことをした。全く誤解で両雄の心事はそんなものじゃなかった。終始もう翁を知るものは公、公を知るものは翁じゃった。それには立派な証拠がある。(明治四十三年十二月七日)

(二)

大久保、西郷両雄の心事が終始相照らしていた証拠というのは、大久保公があの兇《きよう》変《へん》の時に、ポケットに二通の書状を入れておられた。これは御維新の前に西郷翁が神戸かどこかにおる時分、大久保公に送った手紙で、三丈もある長い手紙じゃ。捲《ま》いてこれくらいある(と指で丸《たま》を作って見せ)。その手紙を三条《さんじよう》(実美《さねとみ》)公が見たいというので、兇変の十日も前に公から条公へお貸ししたのを、四、五日経ってから返してもらって持っておられたのじゃ。条公の手から戻ってから三、四日も肌身離さず持っておられた。紫の帛紗《ふくさ》に包んであったのが、それがお前、血で真ッ赤になっていた。どうじゃ。西郷翁の恨みじゃという兇徒《きようと》の刀で倒れた公の血が、その翁の手紙を染めたのじゃ（と言われる時、今まで火鉢の縁に肱《ひじ》を凭《もた》せて体《たい》を枉《ま》げておられた将軍は、つと身を起こしてブルブルッと身を震わし）、因縁というものは不思議なものじゃのう。ああして別れ別れになっていた二人が、死ぬ時に一方の手紙が一方の血で染まる、因縁も不思議じゃが（とまで語られし時、言《げん》少し渋りしが）大久保公が、翁の手紙を肌身離さず持っておられた心持ちが、おいにはよう分かる（と言われし時、吁《ああ》、将軍の睫《まつげ》はついに潤うた。袂《たもと》よりハンケチを取り出して、鬼をも挫《ひし》ぐ大きな掌《て》にそれを握って、そっと眼を拭《ぬぐ》われし時、思いなしか銀髯《ぎんぜん》の微《かす》かに震うを覚えた。翁に哺《はぐく》まれ公に薫陶された将軍が、今にして相別れて逝《い》った両雄の心事を語るにあたり、どうして涙なくして語れようと記者も顔を反《そむ》けて暗涙をそぞろ呑《の》んだ）。

この話を君は今まで知らなんだか、迂《う》濶《かつ》なものじゃのう。その手紙は後に博物館に出してあったが、今は大久保家に保存してあるはずじゃ。大久保公も手紙を綿密に書く人じゃったが、西郷翁も手紙は丁寧で詳しかった。それに大久保公は人の手紙を妄《みだ》りに失わぬようにした人であったが、しかし偶然にもせよ、西郷翁の手紙をあの兇変の時に持ち合わしておられたのは、全く何か因縁というか不思議な運《めぐ》り合わせじゃのう。このお二人の仲というものは、実に忖度《そんたく》もできぬくらい深かった。西南の時でもお逢いになればなんでもなかったろうが、事情上逢うことができなかったのは残念じゃ（記者は、そういう仲なら、征韓論の時に、おいがわいがで、膝詰談判をやれば訳がなかったでしょうに、どうもあの時の両雄扞格《かんかく》の原因をいろいろに言いますが、閣下はどうお思いになります、と問うた）。（明治四十三年十二月八日）

（三）

大久保公と大西郷との仲がそんなであるのに、征韓論の時に何故《なぜ》破裂したというのか。それはああいう偉い方々になると、自分の議論はやがて天下の議論で、そう軽々《かろがろ》しく動いたり変えたりすることはできぬ。しかし、西郷翁は遠見達識のお方じゃ。大久保公や木戸《きど》（孝允《たかよし》）公の考えたことぐらいは、無論考えていたじゃろう。大久保公も西郷翁の心の中《うち》はよく分かっていたろうが、それでいてなぜ西郷翁に反対したかというに、それは西郷翁はあの時には全く死ぬるつもりでいた。

朝鮮は実に無礼なことをしおる。これを懲らさいでは国の恥辱である。しかし、このことを起こすには大義名分が必要である。しかし、この大義名分はオイソレとは作れない。そこで西郷翁は自分で出かけて行けば、きっと朝鮮人はおいを殺すに違いない、おいがやられたら後は事を起こすに大義名分が立つ、これが西郷翁の心事じゃった。こんなことは翁は木戸公や大久保公には話さんかったろうが、始終お傍《そば》にいた桐野《きりの》(利秋《としあき》)なんかには話されたもので「おいが死んだらやれ」と言っておられた。こういうことが分かってみれば、西郷は決して出してはやれない。木戸公の心事は知らぬが、大久保公の心持ちはおいにはよう分かる。

あの時の日本の重みは西郷があっての重みじゃ。西郷翁が鹿児島にいると、鹿児島が重くて中央が軽かったというくらい。この西郷を殺してまで朝鮮のカタをつけなければならぬことはない、ここじゃ。あの時のことを皆がいろいろにいうが、全くはここじゃ。よしいろいろ事情があったにしろ、大久保公の心事の骨子はここじゃ。これはおいが伊藤《いとう》(博文《ひろぶみ》)公から聞いた話じゃが、西郷翁は征韓論が破裂すると、すぐ大久保公の処《ところ》へ行かれた。そして、公に「おいは帰る、後の事はよかたのむ」と言われたそうじゃ。伊藤公は公の傍におられたそうじゃが、公は「おいは知らん」と素気《すげ》なく言われた。そしたら翁はいつになく眼を瞋《いか》らして「知らんとはなんつうこつか」と言って、そのままプイと出て行ってしまわれた。なんでも二人が、これほど烈しい物の言い振りをされたのは始めて見たというお話じゃった。

伊藤公は嘘《うそ》は申されんから本当じゃろうか、英雄の交際というものは凡夫には分からんのう。翁はそれから向島《むこうじま》からどこかへ行ってすぐもう鹿児島へ行かれた。その後は両雄の間柄はあのとおり最後まで逢われなかったが、二人の心は相照らしていたに違いない。いつ喧嘩《けんか》をしてもすぐ解ってしまったそうじゃが、あの時ばかい（ばかり）は惜しいことじゃった。（明治四十三年十二月九日）

高島鞆之助《たかしまともののすけ》　一八四四（弘化元）年～一九一六（大正五）年。薩摩藩士。戊辰戦争において鳥羽・伏見戦争から北陸、東北戦争まで従軍・転戦。一八七一（明治四）年に侍従として新政府に出仕。一八七四年に陸軍大佐に任官、一八七六年の萩の乱の際山口県に派遣され、一八七七（明治十）年の西南戦争の際には陸軍少将として反乱の鎮定に功績をあげた。一八八四（明治十七）年の華族令の制定とともに子爵となる。以後、陸軍大臣、枢密顧問官等を歴任し、軍部・政界に薩摩派として隠然たる力を持った。

39　化粧までが正しい……田辺蓮舟

田辺蓮舟（太一）翁談

私は岩倉《いわくら》（具視《ともみ》）大使が大久保、木戸《きど》（孝允《たかよし》）、伊藤《いとう》（博文《ひろぶみ》）、山口《やまぐち》（尚芳《なおよし》）等の副使を従えて欧米を漫遊されました時に一緒に随行いたしましたが、大久保公にはこの時初めてお目にかかりました。その後、北京談判の時も随行いたしましたが、大久保公に親近《しんきん》したのは、この二回の旅行中の間だけで、その後は格別これといって近しくすることもなし、私は無性者の上にそういう所へ出かけるのが好きでなかったから、ついに個人としてはあまり知ることができずにしまいました。

欧米巡回中に私の感じたことは、その厳格な方正な点でした。大臣としての威厳の十分ある人だと思いました。使節の中でも木戸公とはその性格が正反対でした。ちょっとした話が、旅行中に公用の書き付けを持っていって、印でももらおうと思うと、大久保公の所ではドアを叩《たた》くと先ず従者が出て来る。これに用向きを話すと、それから公へ取り次ぐといった順序で、それが朝早くでであると、なかなか待たされる。というのは、公の頭の天辺《てっぺん》には大きな禿《はげ》があった。ちょっと左の方へ寄った所だったから、髪の毛を長くしてそれを七分三分くらいに分けて、奇麗《きれい》になでつけて禿を隠されたものだ。床から起きると、まず鏡に向かって髪の始末にかかられるといったふうで、洋服でも鏡の前でキチンと着けて、それから人に逢われたものだ。それだから朝が早いと待たされる。

木戸公はまたこれとは反対で、折柄寝てでもいれば、ベッドの上に横たわりながら逢う。そのままで議論でもおッぱじめるし、好悪《よしあし》はドシドシ言うといったふうであった。大久保公はまた急に逢わぬのみならず、書き付けでも黙って受け取ったままで、そこでは可否を言わず、程経てから戻してよこされた。木戸公は寝衣《ねまき》のままでも議論をやったが、公は議論はあまり好まれなかった。

全体が寡黙な人であった。巴里《パリー》にいた頃、土耳其《トルコ》風の浴場があって、そこへは一週間に二度や三度はきっと行かれたが、どういうものか行く時にはいつも私を誘って行かれる。他の者とは行かずきっと私を伴《つ》れて行かれたが、一緒に行ったからって別に話をするでもなく、ただ黙って行って黙って洗って黙って戻ってくるばかりであった。公用の外は私も別に話をしようとも思わず、公も話をされず、一緒におるというだけで、おかしいことがあってもあまり笑われもせぬから、おかしいのかなんだか分からなかった。

そんな風ですから私にはお話があまりない。亜米利加《アメリカ》の条約改正の時には、公の苦心されたのは私も知っており、先日も牧野《まきの》（伸顕《のぶあき》）男爵が話を聞きたいとのことで話をいたしましたが、これなどはさほど面白い話でもない。ただ北京談判の時には私も行っておりました。あの始末は小牧昌業《こまきまさなり》氏の話で詳しいですが、あの話の補にでもなるかも知れぬから、私の見た点でも申し上げましょう。（明治四十三年十二月十日）

40　大臣の器局……田辺蓮舟

田辺蓮舟翁談

その後になって台湾事件が起こった時に、亜米利加《アメリカ》との関係上、船のことについて面白からぬことが起きた。亜米利加ではこちらの台湾の征蕃《せいばん》を日清両国の戦争とみなしていて、亜米利加の国境を通《かよ》った船へは、兵卒も軍用の器械も載せないと言い始めた。局外中立という点からである。亜米利加がそれを言い出す日には、各国の公使の間にもやかましい論が起こるかも知れぬ、清国へはその前から柳原前光《やなぎはらさきみつ》が公使として行っていたが、この各国の公使などのいう議論に動かされてはいけぬというので、柳原へそのことを話すために、私は内意を奉じて北京へ行った。

私が行っている内に、征台の軍はいよいよ進発して膺懲《ようちょう》の実《じつ》を挙げる。清国からして故障を申し込む。その内に時局がだんだん六《むつ》かしくなって、いよいよ大久保公が弁理大臣として来られることになった。

談判の道筋は小牧昌業《こまきしょうぎょう》氏の話のとおりであったが、なにしろ先方がこちらのいうことを十分に酌み取る誠意《まさなり》がないので、一旦は大久保公も諦めてモウ帰るという通牒《つうちょう》を送られた。

この時は今の樺山《かばやま》（資紀《すけのり》）伯《はく》なども軍人として行っておられたが、これはよい機会だからぜひ一戦やろうと言い出され、本国においても主戦論は大分やかましかった。この内に英国公使のトーマス・ウエードが仲へ這入《はい》って調停することになった。この時に、先方の総理衙門《そうりがもん》の首脳たる文祥《ぶんしょう》という人がわざわざやって来た。これは元来が満洲人でしたが、もう非常な老人で、その上に喘息《ぜんそく》持ちであった。話は六かしかったがようやく纏まって、金も八十万テールを受け取ることになった。

その時に皆を集めて大久保公から一場の報告があった。主戦論で盛んな人たちもいたし、随行中の軍人樺山さん始めの人々へ対しての報告である。まず談判の成り行きを話して「いよいよこうなった、皆も満足はしないだろうと思う、しかし元来《もとより》兵を交うるのは面白くない、かつ主上の思し召しは平和にある、不十分ではあるが仕方がない。本大臣もこれを以て十分として、甘んじているわけではないが、主上の思し召しをも体して、これを以て諦めてくれ」という報告であった。その時に私は公がいかにも真面目であり、皆の者が屏息《へいそく》して一言《いちごん》も抗議も言わず、不平の色も見せずに聞いているのを見て、欧米随行の時に、大臣の威重《いちょう》のある人だと思ったが、さらに大臣としての器局のある人だと感心した。

初め英国公使から案文が出たのだが、条約の時の本文は、ウエードの作ったのとは少し違っている。この時は私も議論をした。そして、ウエードの作った中で、これこれを削らなければいけぬと言ったが、公はその時もその場では別に可否は言われなかった。後になってみると、私の説を用いられたのか、私の議論どおりになっていたから、大久保公は人の説をよく容れる量のある人だと思った。

その他のことはあまり知らぬ。ただ碁は段に三子ぐらいで非常に好きであったこと、いつでも煙の中にいると思われるほどシガーを吹かしておられたのを覚える。

(明治四十三年十二月十一日)

田辺蓮舟《たなべれんしゅう》 (太一) 一八三一(天保二)年〜一九一五(大正四)年。幕臣。一八六四(元治元)年横浜鎖港談判使節池田長発《いけだながおき》の随員としてフランスに渡り、同年帰国。一八六七(慶応三)年にはパリ万博に派遣された。一八七〇(明治三)年に外務少丞として新政府に登用され、翌年の岩倉遣外使節団には一等書記官として随行し、また大久保利通の北京談判にも同行し、清国との折衝にあたった。幕末・明治初年の典型的外務官僚である。一八八二（明治十五）年に元老院議官に転じ、晩年は文筆を友とした。

41 家庭の公……大久保利武

大久保利武氏談

［記者］ 故大久保公について御追懐のお話を伺いに上がりました。
［氏］ お話をするといっても自分の父のことですし、それに亡くなったのが私の十二歳の時でございましたから明瞭《はっきり》と記憶がありませぬ。
［記者］ お話としてはボンヤリした御記憶もかえって面白いかと存じます。大変叱《しか》られて怖しかったなどいう御記憶はございませぬか。
［氏］ 叱られたことは記憶がありませぬ。子供は大変可愛《かあい》がった方で、私どもは学校から帰ると父が役所から帰ってくるのを楽しみにして待っていたものです。兄弟は多うございましたが、皆が父の役所を退《ひ》けて帰るのを楽しみに待っていた記憶があります。
［記者］ お夕飯などは御一緒に召し上がりましたか。

［氏］土曜には夕飯を皆で食べましたが、平生は何分忙《せわ》しいものですから、一緒に御飯を食べることは稀でした。しかし、今の土曜日の夕飯の時は、家内中はいうにおよばず、父の妹、私どもの叔母に当たりますのが三人ありましたが、それらをも喚《よ》んできて御飯を食べました。それが無上の楽しみであったようです。全体家庭ということには非常に興味をもっていたようでした。

［記者］そのお妹御様などとのお仲は。

［氏］叔母ですか。それはよほど可愛がられたものとみえて、今でもよく話が出ます。父の母、私どもの祖母に当たりますのが御一新のずッと前に亡くなりましたそうですが、その祖母が亡くなる前に父に遺言をして、妹どもをよく頼む、それぞれ身の振り方をつけてやってくれと懇々頼んで亡くなったのだそうで、父も祖母の遺言もありまして、格別叔母どものことには世話を焼いたようです。

叔母は今三人生きておりますが、御一新の頃、父からこの三人に向けて百円ずつ金を遣《や》ったことがある。今でもその時の書き付けをもっておりますが、なんでも祖母の遺言もあって、その方たちの世話をしなければならなかったのだが、何分藩国事その他に忙《せわ》しかったから今まで思うように世話もできなかった、少し金ができたからともかく贈るといった意味の書き付けが添えてあった。

［記者］公はいつも御書斎でしたか。

［氏］御存じでしょう、（裏霞ヶ関の）今のベルジック（ベルギー）の公使館、あれが元の家《うち》でお粗末な西洋造りでした。あの家には書斎として別室が作ってありましたが、なにしろ公用が多端で多くは客間や応接室にばかりおりました。読書は好んでしたようです。

［記者］御家族の方へ時々御教訓などはありましたか。

［氏］家庭についていろいろと考えていたということですが、なにしろ公用のみで終始しましたので、思うようにもいかなかったでしょうし、それに私は幼少であったために記憶がありませぬ。大きい兄二人は学事上で相談などしていたようです。しかし、家庭の団欒《だんらん》は楽しみであったようで、御覧のような額があります（と言って襖《ふすま》を開けられると額には「楽志一家春」の五文字、墨痕淋漓《ぼっこんりんり》としていた）。（明治四十三年十二月十二日）

監修者注　「家庭の公」について松原致遠編『大久保利通』（明治四十五年、新潮社刊）では大幅に分量が増え加筆されている。大久保の芝二本榎にあった別邸について触れたものは、この大久保利武の談話が唯一のもので、ここだけに出てくる貴重な証言である。そこで、多少の重複をいとわず、同書から「大久保公雑話」の第一章其二の部分全部をここに引用しておくことにしたい。

〈補　遺〉

［編者］故大久保公について御追懐のお話を伺いに上がりました。

［氏・大久保利武］お話をするといっても、父の亡くなったのが私の十二歳の時でありましたから、お話のできるような明瞭《はっきり》した記憶がありませぬ。

［編者］お話としてはボンヤリした御記憶もかえって面白いかと存じます。大変叱られて怖しかったなどいう御記憶はございませぬか。

［氏］幼少の年柄でありましたし、私どもは父に叱られた記憶はありませぬ。子供は大変可愛がった方でした。私は九歳の時鹿児島から母兄弟とともに東京へまいりまして、まもなく学校へ通う。学校のほか英学と漢学、習字の稽古《けいこ》をすることになり、英語は芝山内におった英国人の家庭へ託され、漢学もある先生のもとに通学しました。勉強は随分厳しく励まされたが、宅へ帰って父に逢うのがなによりの楽しみでありました。兄どもは当時東京大学の寄宿舎にいましたが、私どもは夜分など馬車の音がすると、皆争うて玄関に出て、前後左右につき纏うて室《へや》に入るのです。父は椅子へ掛け

る。私などが寄ってかかって靴を脱がす。一生懸命に引っ張る。すると、わざと足を固くしたり緩くしたり、いろいろと戯談《じょうだん》を試みる。ある時私が脱がした靴を再び穿《は》かして、それを力を入れてまた引っ張ると、力があまって後ろにころげるのを見て笑った時の父の顔を、今もなおありありと覚えています。私はそういう風に可愛がられていましたが、十一歳の時、同人社の塾に入れられて、懐かしい父母の側を離れるつらさ、今も忘れられません。塾には私のような少年はただひとりで、他は年長の塾生ばかりでした。そして休日《やすみ》のほかは宅に帰ることは許されなかったのです。

［編者］お夕飯などは御一緒に召し上がりましたか、なにか楽しかった御記憶は。

［氏］父は公務多端であったので、家族一緒に食事をすることは珍しい方でした。しかし、毎土曜日にはよく家族とともに会食することを勉めておりましたので、両人《ふたり》の兄も大学校から帰宅し、賑やかな一夕を楽しみました。夜分など揮毫《きごう》の依頼があって字を書く折には、私どもはいつも、唐紙や絹地の端を押えたものです。一度私どもに褒美《ほうび》に字を書いてやると申して、三枚書いてくれました。一つは「精神」、一つは「守道」、今一つは「不愚」と別々に書き、そしてよく学校の先生に、この字の訳を聞けと申したことを覚えております。

当時、芝二本榎西町《しばにほんえのきにしまち》に別荘がありまして、そこに広い農場《のうば》を設けておりましたが、およそ三万坪の地所で、明治六年外国から帰る早々、巡回中蒐《しゅうしゅう》集した果樹蔬菜《そさい》を区画した場所に植えつけさせ、今申すと一大園芸場であって、草花は覚えないが、林檎《りんご》、葡萄《ぶどう》、西洋梨子《なし》、それに茶園もあり、桑畑もあり、いろいろの果実《くだもの》がうまそうに熟しておるのを、欲しくてたまらなかったことを覚えております。場内は馬車で乗り廻《まわ》しのできるように道が作ってあり、土曜日にはよく私どもを馬車に乗せてこの別荘に連れてまいり、一緒に場内を廻ったことがありましたが、たまたまここにも来客が見えて囲碁など始まると、せっかく父の側におれるのにと、そのお客を恨めしそうに見て厭々《いやいや》引き込むことがありました。

また、よく暇があると、父の妹、私どもの叔母に当たりますのが三人あります。よくそれらを呼んで夕食を一緒にしたもので、その間話をしたり戯談《じょうだん》を試みたり、一座団欒《だんらん》笑い喜ぶのを無上の楽しみにしておったようです。

[編者] その御妹御様などの御仲は。

[氏] 叔母ですか。それはよほど可愛がられたものと見えて、よく叔母などが、父の実に親切であったことを語り聞かせます。父の母、私どもの祖母に当たりますのが、御維新前元治《げんじ》元年に亡くなりましたそうですが、その祖母が亡くなる前に、父に遺言して、妹どもを頼む、それぞれ身の振り方をつけてやってくれと、懇々頼んで亡く

なったのだそうで、父も祖母の遺言もありまして、格別叔母どものことには世話をやいたようです。叔母三人とも今に元気にしておりますが、御維新後明治二年、三人の叔母に金百両ずつを贈ったことがある。今でも三人ともその書き付けを大切に保存しております。その書き付けは、

監修者注 ここで、その「書き付け」が引用掲載されるが、52故公雑話（三）二七二頁の談話中に掲げてあるので、ここでは省略する。

父が外国から帰ると、永《なが》らく会わなかった叔母などに、久濶《きゅうかつ》の情に堪えなかったとみえ、明治七、八年頃、叔母になるべく郷里から上京するように勧め、郷里引き上げが六ヶ敷《むつかし》ければ、一時なりとも上京してくれと懇々申し遣わした。その書翰《しょかん》がたくさん残っております。旅行の道順や船都合、旅費のこと細々と書いてあります。殊に明治十年の役の際には、郷里親類の安否について、一方ならず心痛したことが手紙に見えております。

［編者］公の御屋敷はどこで、御宅にてはいつも御書斎でしたか。

［氏］御存じでしょう、裏霞ヶ関の今の白耳義《ベルギー》公使館、あれが元の家で、今からみる

と誠に粗末極まる建築で、それでも今の公使館は多少増築改造もして、以前よりは立派になっておるし、庭園の模様などもまるで変わっております。庭園には明治九年同邸に御臨幸の節、上覧に叶《かな》いし御幸《みゆき》の桜、御幸の松などは、今は二本榎《にほんえのき》の兄（利和《としなか》）の宅に移し植えて、そこにはありませんそうです。あの家《うち》には書斎は庭園に接した二階下にありました。なにしろ来客に忙殺され、多くは客間や応接室にばかりおり、書斎にゆっくりする暇はなかったようです。

［編者］御家族へ時々御教訓などはありましたか。

［氏］家族に教訓致したことがあったか、なにぶん幼少で細かに記憶しておりませぬ。一度兄の両人が大学にて、専門を選ぶについて父に相談をした時、父は兄らに向かい、自分の最も好きと思うものを選べと申した由を聞いたことがあります。明治四年八月、父が東京から鹿児島におりました母と私どもへ宛て遣わした書翰が残っておりますが、当時兄両人はすでに東京の父の側におりましたが、書中に私ども子供のこと、親類の子供までに、学問修業のことを細々と書いた一節に、

一、彦、伸（兄両人のこと）外国人の師匠相頼み、別て修業致し、大いに長進いたし候、伸熊もこの頃書物も埒《らち》明き、大いに仕合《しあわせ》の至りに候、おみは殿へ其段御伝なさるべく候、当今は昔の世中とは夜と昼との違ひにて、今までのやうに鹿児島にて

生立《おいた》ちあまること（あばれるの方言）のみにては、行先《ゆくさ》き人幷《なみ》に家を起こし候こと も相調はず、百姓か物売《ものうり》になり候外これなく、是《これ》よりは外国の学問相調べ、よほど人に増《まさ》り申さず候はでは、老いて子にたよることもできず、気の毒をいたし候より外これなく、されば子供の内手習ひ、学問、諸芸を出精いたさず候はでは相済まず候につき、混《ひた》と外国人へ相頼み修業いたさせ候、両人とも別て仕立ちよろしく、外国人もほめ申し候由、彦熊は年も長じ候故、なほさら進みよろしく、皆々ほめ者にて大いにうれしく候、女の考へにては子供に旅をさせ、外国人などに頼み、不自由はあるまいか、どうであらうなどと案じ候も無理ならず候へども、今日の世の中に相成り候て、その位のことにては、前条のとほり、老《おい》の果てには気の毒のみいたし候より外これなく候、能々《よくよく》あきらめ申さるべく候、三熊（私のこと）も少しは成長のはづに付、学校にいれ候やういたさるべく候、子供をあまへかし生立《おいた》て候ては、子供をかはいがつて子供に一生の恥をあたへ候と同様に候、申すまでもなく候へども、山田氏直弥も、すま殿より精々教戒いたさるべく候、おゑいも女のことに候へども、手習書物よみ、何方《どなた》なりともたのみ修業いたさせ候やう、みねどのへ申さるべく候、かやうに申すことが今十年も立ち候と、直に思ひ当たり申さるべく候、右の趣兼ねて申し入れおき候

一、類中何方《どなた》へもよろしく、分けてをば殿方、きちどのはじめへよろしくたまはるべく候、云々（監修者注―この書簡は本書二七〜三〇頁に引用したものと同じものである）。

父は全体家庭にて叱るとか怒《おこ》るとかいうようなことはなく、私どもは今にこわかったという念は少しも覚えない。ただ家族親類に対し笑ったりした父の顔がありありと私の記憶に存しております。家庭の団欒ということが無上の楽しみであった。ちょうど御覧のような額がありますと云って、襖《ふすま》を開けらるると、額に「楽志一家春」の五文字墨痕淋漓《ぼっこんりんり》としていた。

大久保《おおくぼ》利武《としたけ》　一八六五（慶応元）年〜一九四三（昭和十八）年　大久保利通の三男。一八七四（明治七）年十二月、母とともに鹿児島から上京。大学予備門卒業後、アメリカとドイツに長期留学し、一八九五（明治二十八）年に帰国し内務官僚となり、鳥取、大分、埼玉、大阪の各府県知事を歴任した。貴族院勅選議員。実兄の牧野《まきの》伸顕《のぶあき》とともに、父利通関係の史料収集につとめ、勝田孫弥『大久保利通伝』（明治四十三、四年刊）は利武の助力により完成したものである。

42　殖産興業のはじまり……佐々木長淳

佐々木長淳翁談

佐々木長淳翁は福井県の藩士で、維新の頃は国事に奔走し、新政府成るの後はもっぱら蚕業製糸の発達に貢献され、幾度か海外にも派遣されていた。大久保内務卿が殖産興業の志を成すの片腕となった人である。記者、翁を訪《と》うて、大久保公の話を聞くに、翁はただ故公の殖産興業に関する熱誠を説くとともに、己が成しつつある蚕業の話をされる。翁は今年八十一歳の老軀《ろうく》を以てなお孜々《しし》として養蚕を研究して新説を発表しつつある。しかして、自ら曰く「自分はただ故大久保公の志を成したいと思って、この年になってもやっております」と、翁の追懐談を左に掲ぐ。

私が公と初めてお目にかかったのはオーストリアの博覧会の時であった。明治六年の一月に佐野常民《さのつねたみ》伯と同道して、オーストリアの博覧会に行きましたが、その時は工部省の七等出仕であったが、オーストリア博覧会一等出仕として行ったのである。博覧会のことがほぼ終わると今度は養蚕製糸紡績、この三ツを取り調べるという工部省の命令で、先ずオーストリアでこれらを調べ、後に伊太利《イタリー》へ行って、この三ツを調べておりました。そうしておると、岩倉《いわくら》（具視《ともみ》）大使が大久保、木戸《きど》（孝允《たかよし》）らの副使を随えて伊太利へ来られ、ベニスに泊まられることになった。私はベニスの停車場へ迎いに出て、旅館へも同道して御挨拶《ごあいさつ》を申し上げたが、これが公にお目にかかる初めで、しかも欧羅巴《ヨーロッパ》ではこの時ただ一回お目にかかったきりであった。

そうこうしている内に、ほぼこの三ツの事業の取り調べも終わったが、六年十月に、突然、帰朝せよという命令が下った。そこで顕微鏡、寒暖計など養蚕製糸等に必要な道具一切を購入して、取るものも取り敢えず帰朝したが、それがちょうど六年の十二月三十一日であった。ところが、愕《おどろ》いたのは私はもう工部省のものでなく、内務省の勧業寮の七等出仕に変えてあった。大久保公のお眼鏡《めがね》に叶《かな》ったものらしい。これは自惚《うぬぼ》れて考えれば、伊太利でちょっとお目にかかった時に、大久保公のお眼鏡に叶ったものらしい。私はお世辞をいうのは嫌だし、ただこういう取り調べに参っておるとばかり申し上げたのだが、それだけで大久保公は何かやらしてみるつもりで内務省の方へお変えになったらしい。

記者惟《おも》えらく。翁が養蚕のことに熱心なる、ほとんど寝食に代うるに足るべく、記者の何を尋ぬるも、ただ養蚕一点張りにして他を語らず。この熱心はただちに故公を動かし、公の興業に熱心なる翁を以て、その好当路者となしたりしがためなるべし。

七年には大久保内務卿もお帰りになった。その内に内藤新宿に試験場ができて、私は養蚕掛りを命ぜられ、公からはいろいろ建議をしろと言われて、盛んに建議をしましたが、大抵用いられました。その内に富岡の製糸場もできる、だんだんと盛んになってはきましたが、何分草創の際で万事機関は整わず、私は欧羅巴《ヨーロッパ》で買って博覧会事務所に置いてきた公用の器械類はことごとく沈没して、私の私宅用に買ってきた器械で、五年間も試験や事業を続けた始末でした。（明治四十三年十二月十三日）

監修者注　大久保利通はイタリアを訪問しないで帰国した。佐々木長淳は岩倉大使を訪問して挨拶した際に、大久保も同席していると思っていたのではなかろうか。

43　専門家以上……佐々木長淳

佐々木長淳翁談

大久保内務卿が私への内訓は、大抵殖産興業に関することばかりでした。七年でしたか、私を卿の室へ呼ばれて言わるるには、「今後数年を出でずして全国の蚕糸業者を東京に召集して、養蚕その他のことについて一大会議を開き、あるいは教授し説明し、あるいは奨励することにしようと思う、その時には君はその衝に当たるべき人だから、今からそれぞれ充分の調査を遂げておいてもらいたい」とのことであった。この時、何かまだお質《ただ》ししたいこともありましたが、何分にも恐ろしい威厳で、反問することもできず、ただできるだけのことをいたしましょうと言ってさがりました。その後、昼夜兼行で取り調べてやっと間に合ったくらいでした。

その後、またこういう内訓があった。蚕糸業を発達させるには大いに誘導保護奨励等の途《みち》を開かねばならぬ。しかるに、もし蚕糸業者に対して、妄《みだ》りに干渉をすれば、同業者の権利を失わしめ、奸商《かんしょう》を跋扈《ばっこ》せしめ、国帑《こくど》を徒費し、外人の譏《そし》りを招く虞《おそ》れがある。奨励と干渉とはよく似ているが大変な違いだから、注意して混淆《こんこう》せぬようにせぬといけぬと、懇々諭され、さらに語をついで、先年養蚕の制限論と開放論とが出た時も、ついに制限論に決まったが、養蚕の高を制限するとすればすでに干渉である。その結果は過剰の蚕種が全国にできて、どこへも捌《さば》け場《ば》がなく、結句干渉した政府がこれを買い上げなければならぬことになり、巨万の蚕種紙《かいこたねがみ》を横浜で焼き棄てたことがある。だから、干渉と奨励とを混淆してはならぬ云々という内訓であったが、これらは何事によらず、政府の当路者の常に服膺《ふくよう》せねばならぬところであろうと思う。ややともすると、官吏が奨励の域を通り越して、干渉に陥るのは遺憾である。

　こういうことばかりでなく養蚕製糸その他のことに関しては、実に専門家も及ばぬほどに精通しておられた。かつても私に向かって、養蚕その他の試験について十県下から斯業《しぎょう》の老練者を召集した上は、各自にその意見を開陳せしめ、長を採り短を捨て、大いに改良を図らねばならぬ、特に手繰《てぐり》もしくは毛髪座繰《ざぐり》の製造法を調査して、泰西《たいせい》支那等の器械をも比較研究し、試験の結果、酌量改良して、実地にはどれが好いかを見なければいかぬ。西洋にもよいことはあろうが、日本固有の方法にも、好いことがあるに違いないと言われた。こういう調子で私ども専門のものも公から啓発せら

るることがたくさんありました。（明治四十三年十二月十四日）

44　殖産興業の諸事業……佐々木長淳

佐々木長淳翁談

公が殖産興業に熱心で、養蚕、製糸、育種、その他のことに関して、専門家以上に知っておられ、かつ先見の明のあったことは、まだいくらも例がある。明治七年に内務卿は清国から魯桑《ろそう》を取り寄せられ、試験園内で試植してみろというお話であった。これは早速やってみましたが、それと同時に内務卿は清国から柘樹《やまくわ》（シャ、やま桑）の苗をも取り寄せらるるはずであった。ところが、話が行き違って、楮《こうぞ》の樹が着いたので柘樹栽培は沙汰《さた》止《や》みになった。その後に内務卿が薨去《こうきょ》後になってから、私は自分でこれを取り寄せて栽培を試み、内務卿の遺志を遂行した次第でした。

その頃は屑糸《くずいと》、屑繭《くずまゆ》を以て上等の撚糸《よりいと》を製造することができず、これは経済上の急務だからとて、紡績工場を建設したいと建白したところ、例の内務卿のことですから早速御採用になって、上州新町に紡績工場を建てることになった。明治九年の二月から工事に着手した。

その工事中に伊太利《イタリー》ミランの養蚕万国公会へ参列するものを日本から出さねばならぬことになった。多分私へ籤《くじ》は当たるとは思ったが、なにしろ新町の紡績の方もやりかけだからとて頑張っていると、大久保公から私宅へちょっと来いという命令で、てっきり伊太利行きだなと思って行くと、案のとおりであった。私は新町の工場を楯《たて》にして、この急務を抛《なげう》っては行けませぬと、あくまでいうつもりであったが、公に逢ってみれば、諄々《じゅんじゅん》と話をされて、一言《いちごん》も口を挿めぬように条理を尽くして諭される。その話が実に順序立ったもので、一言半句も無駄がなく、それにシットリと沈着《おちつい》て話される工合が、長淳《ちょうじゅん》の耳へは全く深く答えました。その場でお受けをして伊太利へ行きました。

帰朝してからも公の熱誠に励まされて、新町の紡績所の建設に尽力していました。開業式の時には公も大変喜ばれて、自ら開業式に臨んで祝辞を読まれました。

その後再び新宿の養蚕掛りをやっていましたが、十一年にはあの御遭難。私はあの時は新宿の試験場におったが、御兇変《きょうへん》と聞いて思わず知らず飛び上がりました（と言って、翁はサモ愕《おどろ》いたらしく飛び上がる態《さま》をせらる）。やア飛んでもないことができた。もう国家は暗《やみ》じゃと思って私は泣きました。

公が御在世の頃と亡くなってからとは、どうも大変な相違で、全くまア一時は世の中は暗《やみ》さ。蚕糸の事業は内務卿は非常に力を入れておられたが、卿が亡くなってからは単に農務局蚕糸課に委ねられてしまいました。万事がそういう調子で、公のように御自身から苗や種を取り寄せてやって御覧になるような人が亡くなって、殖産興業には一頓挫《とんざ》をきたしたと言ってもよろしい。それに私の最も感服しておるのは、公が皇室のことを大切になさることでした。新宿の試験場へ皇后陛下の行啓《ぎょうけい》の時などは全く感服いたしました。

なにしろこの八十一歳の私が、今日まだ蚕病のことなどで専門上の議論や研究を続けておるのも、全く大久保公の遺志を全うしたいと思うからです。公が殖産興業の熱心は、今の人から思うと想像の外でした。(明治四十三年十二月十五日)

佐々木《ささき》長淳《ちょうじゅん》　一八三〇(天保元)年～一九一六(大正五)年。越前福井藩士。一八五三(嘉永六)年、江戸に遊学し、砲術と大砲製造等を学び、帰藩後、藩の銃器・弾薬製造を指導し、また福井藩最初の西洋型帆船の建造にかかわった。一八六七(慶応三)年にアメリカに留学、帰国後一八七一(明治四)年に新政府の工部省に出仕となる。一八七三(明治六)年、ウイーン万博に出張、同年末帰国と同時に内務省勧業寮に移り、内藤新宿の農業試験場で養蚕飼育を担当する。一八七六（明治九）年、群馬県新町屑糸（屑繭）紡績所の建設を担当し、また同年イタリアで開催された養蚕万国公会に出席した。日本養蚕業の発展・近代化に大きな役割を果たした。

第四部

大久保利通が使用した印鑑（大久保家所蔵）

45　青年時代……松村淳蔵

松村淳蔵氏談

（一）

松村淳蔵氏は元治《げんじ》元年に、薩摩の開成校の生徒として英米に留学し、明治六年に帰朝した日本最初の留学生にして我が国海軍の元勲である。眼を疾《や》んだために中将にして職を辞せられたが、健全であったならば無論今頃は元帥たるべき人である。記者が三田の将軍の邸《やしき》を訪ねて刺《し》を通ずると、将軍は木綿の薩摩絣《きつまがすり》をブクブクと着ふくれて、黒眼鏡をかけたまま玄関へ自ら出迎えられる。洋服なら椅子がよかと言って、なんら辺幅《へんぷく》を飾らぬ昔のままの薩摩気質《かたぎ》が床《ゆか》しい。

お前さんが報知かい？　私《わし》も愛読しよる徳川栄華物語はいつまで続きますか（この訊問には記者も少しまごついたが、早速大久保公の話に移ると）。ホホウ大久保さんの話が出よるか。それは知らんじゃった。眼が悪くて人に読ませておるのでの。大久保公は私《わし》も若い頃からお世話になったが、公のどの辺のお話をしよう。ウム、青年時代か。

あの人は大西郷《だいさいごう》と一緒に、わしが方の鍛冶屋《かじや》（加治屋）町に生まれた人じゃ。吉井《よしい》幸助《こうすけ》（幸輔）、西郷吉之助《さいごうきちのすけ》、大久保正助《おおくぼしょうすけ》、この三人が仲よしじゃった。市蔵《いちぞう》？ウム市蔵と言ったのはズッと後じゃ。お側役《そばやく》になってからのことじゃ。こん（この）三人で以て伊藤茂《いとうも》（右）衛門《えもん》という学者のところへいって陽明学を学んだ。この三人とは少し後れているが海江田信義《かいえだのぶよし》という人も、仲間へ入れてくれと言って、やはり一緒に伊藤さん所へ学問に行っていた。二十歳《はたち》前のことさ。

この伊藤という陽明学者は有名な厳格な人であったが、薩摩のその頃の若いもんときたら、これがまた世間知らずの恐ろしい武骨な一本気なものでの。なんでもある時、伊藤が門閥《もんばつ》の家へ行って、酒を呑《の》んだことがあったとみえる。すると、その噂《うわさ》を聞いた、こん西郷、大久保、吉井なんどは、そいは（それは）怪しからん、平生はあんなに厳格であるのに、門閥のところで酒を呑むような言行一致せぬ師匠には、お互いに物を習うまいというので、海江田が一番若かったから、伊藤のところへ明日から習いに来ぬという断りの使者に出かけた。

弟子の方から師匠を破門しに行ったのじゃ。ところが、伊藤の言うには、おいは酒を呑んだ、が、酒を呑んでなんが悪い、心が動くからいかんというのか、ハハアお前たちの心はよか心じゃの、おいは酒呑んで動くような心は持ち合わせがないわ、と言ってさんざん愚弄《ぐろう》されて帰ってきた。こん三人もこれを聞いて、なるほど吾々が考え違いじゃったと言って、再び習いにいったそうじゃが、若い時分の気質が大体こういう風じゃった。（明治四十三年十二月十六日）

（二）

その後になって藩に大改革があって、大西郷、大久保公などが奔走されたはもちろん、この時は山田清安《やまだせいあん》、高崎正風《たかさきせいふう》さんなぞも奔走されたが、割腹さわぎがあるやら何やらで、藩は実に大もめであった。大久保公は二十歳ぐらいでもあったろう（記者思えらく、これは斉彬《なりあきら》、久光《ひさみつ》両公の継嗣問題の時なりしなるべし。さすれば、公は十八歳より二十歳までの間のことなり）。

その時分に名は忘れたが、何とかいう先生のところへ大久保公が行かれて、いろいろ議論をした末に、今は実に国家の危急存亡の秋《とき》だというようなことをいわれたとみえる。すると、その先生が、お前たちは危急存亡ということをよく言うが、実際そう思っているのか、それでもお前たちは本を読んでいるじゃろ、危急存亡と言えば国家が滅びるか助かるかの境目で、そんな閑気《のんき》なものじゃないが、大方お前たちは本箱でも背負って戦争をする気じゃろうが、まアまア沈着に考えてみろと言われたそうじゃが、まアそういった風の薫陶を受けて養成されたものじゃ。

それにその頃無《む》参禅師《さんぜんじ》という禅宗の偉い和尚がおって、この人の許で座禅をしたりしてシッカリ鍛練されたものじゃ。無参禅師というのは吉井《よしい》（友実《ともざね》）の縁戚のものじゃが、故あって士族を召し上げられて出家したので、福生寺《ふくしょうじ》という寺の住職をしていた。こいが偉い坊主で西郷でも公でも、よほどキツイ鍛練をしたとみえて、公なども度胸が据わっていた。

大久保さんは戊辰《ぼしん》の前までは、始終藩政に尽くしておられたが、大西郷は江戸などへも出て広く天下の志士と交わっていた。水戸の藤田《ふじた》（東湖《とうこ》）、越前《えちぜん》の橋本《はしもと》（左内《さない》）などと交わって、よく天下の形勢を知っておられた。おいなど子供心に覚えておるが、西郷どんは世間を知っちょる、鹿児島弁は使われぬそうで「そうでございます」という江戸言葉を言われるという噂じゃった。五つ紋に仙台平《せんだいひら》の袴《はかま》をつけて礼儀も正しかった。

なにしろ西郷、大久保といったらバリバリしたもので、家老も門閥も二人には叶《かな》わなんださ。大西郷も大久保公も、お小姓組《こしょうぐみ》というので、鹿児島ではこのお小姓組から出て君側《くんそく》へ上がることになっていた。西郷は身卑賤《ひせん》より起こりとかなんとか、ある本に書いてあったが、物を知らぬ奴じゃ。お小姓組は立派な門地じゃ。大西郷も大久保さんも同じ頃に藩へ出て、御小納戸《おこなんど》という役をやっていた。(明治四十三年十二月十七日)

(三)

西郷さんは二遍も遠島されたが、大久保公は終始藩にいて藩政の改革に尽くしていた。藩の役人として大久保公ほど早く出世をした人は、鹿児島藩始まって以来例がない。元来、鹿児島藩では、今いうお小姓組から上《のぼ》って徒目付《かちめつけ》というのになる。このお徒目付というのは、君側の御用品を吟味して買い込んだり何かする。これになるにはお小姓組の中でもよほど人物が確かじゃと見抜かれないとなれない。

この役目を数年ないし十数年もやって、功労もあり年功も積んでから、お小納戸係というのになる。このまたお小納戸を数年または十余年も勤めてのち始めてお側役となるので、このお側役というのは君側に常におるのじゃから、鹿児島藩では非常な権力があった。こんな風だから、お小姓組の者でもお側まで上がるには、なかなか年数もかかるし、よほどの功労がないと行けない。それをどうじゃ、大久保公はたッた一年で行ってしもうた。お徒目付になってからすぐお小納戸役になり、たちまちお側役になった。これが一年ばかりじゃったから、その出世の早いことは愕《おどろ》くべきものじゃ。これによっても順聖公（斉彬）が大久保さんをどれくらい深く信用されたかが分かる（監修者注―順聖公ではなく島津久光）。

　この時に大久保市蔵（お側役になってから正助を市蔵と改めた）、中山尚之助《なかやましょうのすけ》（中《ちゅう》左衛《ざえ》門《もん》）、小松帯刀《こまつたてわき》この三人がお側役になって藩を改革し、藩論を一定したのが鹿児島の改革の初まりじゃ。そこへ西郷も島から帰ってきて、たちまち重用される。この西郷の島から呼び返されたのも重用されたのも、皆大久保公の尽力に依るのじゃ。西郷は天下の浪士と交わっているから、京都から江戸その他の新しい形勢を知っておる。それを大久保公に話す。大久保公はそれに依って天下の形勢に遅れぬように藩政を改革をしてゆくという風で、この二《に》人《にん》あるがために薩摩の威勢はだんだん天下に認められてきて、諸侯も望みを属するし、浪士も薩摩を頼って、事を挙げようと思うまでになった。

　大久保公の話になると、維新後の功労ばかりいうが、それはそれに違いないけれども、藩政にも随分苦心されたもので、藩に脱走組というものができた時、有名な有村《ありむら》治左衛門《じざえもん》（次左衛門。大老井伊直弼《いいなおすけ》襲撃の一人）の割腹騒ぎがあった。あの時も君公に書き付けを書かして、この脱走組を沈静さしたのも大久保公であった。その頃鹿児島の士族というものは、実に慓悍無双《ひょうかんむそう》で、それがいろいろの議論に動かされて不穏なことを言い廻ったりしたりする。それらが大久保、西郷と言えばピリーッとして縮こまって終《しま》う。家老なんかは俗物じゃ、なんでん西郷どん大久保どんに限るちゅう勢いじゃった。（明治四十三年十二月十八日）

46　藩政時代……松村淳蔵

松村淳蔵氏談

（一）

文久二年には島津《しまづ》三郎《さぶろう》公（久光《ひさみつ》）が始めて御上洛《ごじょうらく》になって、大久保公なども随行された。先公の順聖院《じゅんせいいん》（斉彬《なりあきら》）が公武《こうぶ》合体《がったい》で、その遺言もありして、久光公も無論公武合体論じゃった。そこでこの素志の幾分を貫くために上洛されたのである。これが薩《さっ》藩《ぱん》勤王の初めじゃ。

その時分によく言うた言葉が勤王攘夷《じょうい》というので、これを言わんもんは俗物じゃちて相手にしなかった。夷人なんか打《ぶ》ち切《き》ってしまわなければいけんというので、夷人と言えば人間ではない化物のように思うていた。薩摩《さつま》ん士を踏ましちゃ汚れるという騒ぎで、とうとう久光公上洛の翌年に、薩摩と英国との戦争が起きた。英吉利《イギリス》の軍艦が来ると、もう大変な騒ぎじゃ。なにしろその時分の鹿児島ん士族は気が荒らくて荒らくて、なんでもかでも君公の馬前に斃《たお》れさえすればいいというので、そこへ夷狄《いてき》が鹿児島を窺《うかが》いにきたのだから一通りではない。

軍艦が来るとなんでん乗ッ取らねばいけぬというので、西瓜《すいか》売りになっていって乗ッ取れという命令が出た。事を荒らげては先方《むこう》は大きな大砲など持っているから、西瓜売りに化けていって、艦《ふね》へ上がってから力ずくで喧嘩《けんか》をして乗ッ取れという命令じゃった。そうしてもしこの方法で巧く英艦を乗り取ったら、久光公はその軍艦を以て大坂へ出て、すぐ御上京になり、これで以て勤王をやるという手はずじゃった。ハハハ。今から思うとおかしいが、なにしろまアこれぐらい狼狽《ろうばい》したもので、藩の上の方にいる人の心配は大変なものであったろう。大久保公などは君公の側《そば》におられたから、その心配は大したものだったろう。

けれども、士族などはあまり恐れない。ナアニ夷人ちゅうもんは膝《ひざ》の曲がらぬものじゃから、突き倒せばすぐ転ぶに違いないという一般の輿論《よろん》で、なんでもかまわん、上陸したら打《ぶ》ち切《き》れというので、終《つい》には例の生麦《なまむぎ》事件が出来《しゅったい》した。それに大砲を打って驚かしてみたりするものだから、ついにまア和議を調えたのだが、この英艦との戦争は鹿児島藩のためには大変よいことであった。これがために藩論が一変してしまった。

斉彬公は攘夷は到底できぬ、それよりは彼の長を取って、我が短を補う方が上策だとしておられたそうじゃが、この時に到って、久光公を始め大久保公なども、攘夷ではもういけないと思っておられたらしい。それで藩の上の方では、勤王はやるが攘夷はやらぬということになったらしい。この翌年には開成校ができて、十六人海外へ洋行させられることになった。その時に私も抜擢《ばってき》されて洋行したのじゃ。（明治四十三年十二月十九日）

（二）

開成校ができた時は、新納《にいろ》刑部《ぎょうぶ》という家老、町田《まちだ》民部《みんぶ》という大目付《おおめつけ》、これらが学校の首《おも》な役人で、学頭は寺島富《てらじまとみ》（宗則《むねのり》）という人であった。この寺島という人は、私どもを伴《つ》れて洋行した一人《いちにん》だが、五代才助《ごだいさいすけ》（友厚《ともあつ》）と通弁一人とを伴れてゆかれた。話は少し横へ逸れるが、この寺島という人に関しては、維新の歴史上では極く秘密になっていて、誰も知らぬ話があるから話しておこう。この人は一年ばかりで帰朝されたが、なんでも帰朝される時分に、せっかく遠方まで来て、なにも覚えずに見てだけ帰るのも本意がないから、何がなし国のために土産になることをして帰ろうと言っておられたが、その結果寺島さんは、帰途に英国公使のパークスに会見をして、密々《みつみつ》日本の形勢を述べて、薩藩がこの際、勤王をやるのだから、外から助けてもらいたいくらいのことを頼まれたとみえる。

その証拠にはパークス公使は、その後間もなく鹿児島へ来て、君公とも会見し、君公の御別荘でもって、今ん大西郷《だいさいごう》、大久保公などをお側に置いて、密々話があった。この時に兵隊を集めて調練をまでやったと聞いている。その後もその手蔓《てづる》からして、パークスはたびたび官軍へ力を尽くした。江戸城明け渡しの時でも、パークスは眼が早いから、建白して幕府の軍艦をなんとかしなければいけぬというたそうだ。

例の脱走の時も、幕府で注文した吾妻艦《あずまかん》という船がちょうど横浜へ来ている。亜米利加《アメリカ》は注文どおり作って持ってはきたのだが、例の騒ぎだものだから、局外中立を申し立てて、なかなか渡さない。そこで、大久保公も愕《おどろ》いて、夜半《よなか》に、パークスの家へ行って、いまの甲鉄艦をこちらへ取ってくれと頼んだ。パークスも急なことではあり、前《ぜん》に幕府の軍艦について建白したのを、別に用いもしなかったものだから、大層大久保公に怒りつけたそうだが、公が言葉を尽くしての頼みに、やっと承諾して、パークスも夜半に横浜へ行って、米国の持っている甲鉄艦を取ってくれたことがある。寺島さんが紹介して以来、パークスはよほど大久保公のためには尽くしたらしい。

この寺島さんが元治《げんじ》二年すなわち慶応元年に帰朝する。すると間もなく王政維新の風雲がいよいよ急だという話がだんだんと聞こえてくるし、戊辰《ぼしん》の前年に仏蘭西《フランス》に博覧会があって、藩の家老なども見物に行って天下の形勢を説く。だいぶ帰って藩のため、国のために尽くそうという説もあったが、先輩が止めたので止《や》め、私は明治六年に帰朝しました。するともう王政維新もできておる。大西郷は征韓論で国へ帰っておるという始末でした。（明治四十三年十二月二十日）

（三）

藩政の改革は大抵大久保、西郷の二人《ににん》でやったけれども、大西郷は始終外へ出ているし、諸国の浪士の操縦や藩の士族の鎮圧などに懸かっていたから、内にあっての改革は大久保公が首《おも》であった。改革も随分あったが、最後の改革が最も激しかった。この時の改革では大西郷が参政になって、昔の門閥《もんばつ》や家老は一人《いちにん》も藩の重役に与《あずか》らぬことになった。三郎公（島津久光）もこれには大変怒られて、大久保公を呼びつけて、それを止めようとせられた。けれども、大久保公は頑として応じられなかった。

家老や門閥のものが何もできないのなら教えたら好いではないか、新しい政治を教えてだんだん間に合うようにしてやれば好いではないか、と言われたけれども、大久保公は聴かれなかった。それで三郎公も烈火の如く怒って、「系図もなにも、こうなっては用がないから、焼いちまえ」と言って、ブルブル顫《ふる》って怒られたそうだ。けれども、この改革は、公の沈着のためについに断行された。

この時には中央の藩政ばかりでなく、地方の小城なども城主などを排してしまったので、鹿児島から十余里ほどある所の都の城《みやこじょう》という城下では、城下のものが竹槍《たけやり》などを以て出てきて、一揆《いっき》を起こすという騒ぎであった。都の城と鹿児島との間に福山という所があって、ここに大きな原ッ場《はらっぱ》があった。それで大久保公はこの一揆の騒ぎを聞いて「こちらの言うことを聞かんなら、頬冠《ほおかむ》りでもして大砲引っ張って、福山が原ッぱさ来るがよか」と言って平気でいたから、都の城のものもそれを伝え聞いて愕いたそうだ。なにしろ都の城は足利時代から持っていた所だから、なかなか新為政者の言うことを聴かない。

その時は、後に警視総監になった三島《みしま》（通庸《みちつね》）さんが地頭《じとう》（郡長のようなもの）でやっていたが、この三島という人も大久保公の眼鏡に叶《かな》っただけに、なかなかの果断家で、あまり都の城の者が言うことを聴かぬから、威力を示すために、ついに白昼に都の城のお城に火を付けて焼いてしまった。これを見て城下の者は皆泣いたそうだが、なにしろ真ッ昼間に火を放って焼いたのだから、その権幕には辟易《へきえき》したらしい。

大久保公の果断力というものは、この一事《いちじ》で見ても分かるほどに偉いものであった。

（明治四十三年十二月二十一日）

47　西郷と刺し違えんとす……松村淳蔵

松村淳蔵氏談

公の最後は大西郷《だいさいごう》を殺した恨《うら》みだと言って、金沢の士族のものがああいう兇行《きょうこう》に及んだのだが、公と大西郷とあんなことになるのも、何かの因縁と見える。というのは、その前に大久保公と大西郷と耦死《ぐうし》しかけたことがある。

それが文久《ぶんきゅう》二年に島津久光《しまづひさみつ》公が、初めて勤王のために上京された時だ。この時には小松帯刀《こまつたてわき》、伊地知正治《いじちまさはる》なども大久保公と同役で随行する。それにお側役《そばやく》には中山《なかやま》(中左衛門《ちゅうざえもん》)、堀《ほり》(次郎《じろう》)などいう人もおった。この時はすでに西郷の威望は隆々たるもので、藩内の若い者はおろか、今もいうとおり、諸国の浪士も推服しておる。そこで、西郷は久光公よりは一《ひ》と歩先《あし》に出かけて、大坂へ行って不穏な浪人どもの鎮撫《ちんぶ》をする手はずになった。

その頃の天下の浪士は、一ツ島津を担いで事を挙げようとしていたものもあって、不穏なことを始められてはいかぬというので、西郷が適任というので沈静に出かけた。それで、西郷は出発する時に、大久保公や伊地知などに語って、これは浪士と同腹になってやらなければいかぬから、おいは大坂へ行っても浪士どもと同腹で事をやる、だから、どんなことをしても気にはとめてくれるなと言って出かけた。

全体その前からして、お側の中山という男と西郷とは意見が合わなかった。で、西郷党と中山党とは好くなかったのに、浪士沈静に出かけて、久光公の馬関《ばかん》に来るのを待ち合わすはずの西郷は馬関におらず、大坂にいるという噂《うわさ》である。それで、中山派の方では、西郷は大坂で何をしているも知れぬから、様子を探ってこいといって探査役を派遣した。久光公の一行が兵庫に着すると、探査役が帰ってきて、西郷吉之助《きちのすけ》は浪士どもと一緒になって、これこれの過激な議論を吐いたり、何かしているという報告をもたらした。したがって、中山からは尾鰭《おひれ》のついた讒言《ざんげん》が君公《くんこう》の許《もと》に達する。

さア、こうなると、平生から、西郷のやり方が乱暴だと言って困っておられる久光公は、烈火の如く怒《おこ》られた。大久保公は多分西郷は切腹を命ぜられるだろうと思って困っていると、大坂にいるはずの西郷がぶらりと兵庫の大久保公の宿へやって来た。そして、浪士の動静から、京都、摂津《せっつ》あたりの様子を語り、今度一挙して天下を改革することができるというような話をするので、大久保公は早速西郷を呼び出して、海浜へ連れてゆき、今の探査役の報告から中山などの話をし、かくなっては君公は切腹を仰せつけられるに違いない、しかし、お前が死んでは、おれも生きていても事をなす見込みもないから、ここで一緒に耦死して死のうと言い出された。

それで西郷は、イヤお前が死んでは薩藩も国家も暗《やみ》じゃ。お前は死なせられぬ。おれが死ねばどうしてもお前が死ぬというのなら、おれは君公にお詫びをする。それにこの目的を達せずに死ぬのは遺憾じゃと言って、ついに大久保公からお詫びをすることになって、君公の怒りも解け、西郷は再び島へ流されることになった。西郷と死生を共にするのは、なにかの因縁約束であったと見える。（明治四十三年十二月二十三日）

48　大久保公雑話……松村淳蔵

松村淳蔵氏談

大久保公は喜怒の色に表われぬ人であった。あまりニコニコ笑っておられるのを見たこともないが、人と議論などがあっても、人が急き込めば急き込むほど沈着《おちつ》いてきて、ポツリポツリと話をされた。それに、夜分によくお話に上がったが、夜が更けるに随って、だんだんと味のある話をする人で、しっとりと沈着いた話し振りであった。

小さな手帳を持っていて、何事でもその手帳に記《と》めておく人であって、洋行中などは、殊に珍しいことに出逢うことが多いので、始終手帳に記めておられた。なんでも人に聞いては記める。私も一度困ったことがあるが、私に「太平洋を始めて渡った人は誰か」と聞かれた。私も即座にはお答えができず、後にマゲーランというのだと分かって、そのことを話すと、どういう目的でとか、何年の何月頃、どんな風で渡ったのだとか綿密に聞かれ、一々説明するとスッカリ手帳に控えておられた。誰にでも逢われた。そして、隔てなく話を聞かれる。よく人の話を聞く人であった。それに人を見ることが上手で、この点では大久保公ほどの人は私は知らぬ。なんでも黒田《くろだ》清隆《きよたか》さんの頑固にはよほど手固《てこ》摺《ず》っておられたと見えて、よく黒田如助《じょすけ》(清隆さんは素《もと》如助と言った)は元気もんじゃ、こやつが言っ立ったらなんごとでも黙っちょるが、日を経て、ぼつぼつ話をすると分かると言っておられた。

西郷《さいごう》が二度目の遠島から帰って、公武合体論《こうぶがったいろん》は転覆《ひっくりか》える、たちまち長州と和議が成るして、維新の騒ぎになったのじゃが、その西郷の帰るまで、英国との戦争から上洛《じょうらく》まで、ほとんど君側《くんそく》(久光《ひさみつ》)のことは大久保公一人でやられたのじゃが、年も若かったのに、非常な責任を負《お》んで、非常の大事をさばいてゆかれたのは偉いもんじゃやった。

大久保公はよほど沈着《おちつ》いた人と見えて、その頃の世間の若いもん連中は、気が立って気が立って、それはそれは賑《にぎ》やかなものであったが、その中で公が客気《かくき》に逸《はや》って事をしたという話は、一遍も聞いたことがない。

征韓論《せいかんろん》の時のことを人はいろいろ言うが、私ももっともちょうどその論の破裂した六年に帰朝したのだから、自ら委《くわ》しいことを見て知っておるわけではないが、確かな人から聞いた話によると、あの征韓側のつもりでは、第一に、この機会を以て陸軍改革をやろうとした。積弊のある陸軍を改革するには、衆心を外《ほか》へ転じて、一致さした上でやらねばいかぬというにあった。それには大西郷は大義名分の師を出《いだ》すには、おいが行って殺されるが早道じゃろうと言って死に急ぎする。それがために従道《じゅうどう》さんから、どうか兄貴を朝鮮へやらぬようにしてくれと言って大久保公に頼む。果《つぐみち》ては岩倉公にまで頼まれたそうじゃ。大西郷はまた大久保公に、お前が言い出すといかんから黙っていてくれと言って頼まれる。大久保公も板挟みになって困られたことと思う。けれども、西洋各国を巡ってきて、新しい見識もできており、ついにかれこれの事情から、全然大西郷と反対の位置に立たれたのじゃ。

大久保公に西郷翁、この二偉人がたちまちの間に亡くなったのは国家の大不幸じゃった。（明治四十三年十二月二十四日）

松村淳蔵《まつむらじゅんぞう》　一八四二（天保十三）年〜一九一九（大正八）年　薩摩藩士市来《いちき》一兵衛《いちべえ》の子、名は勘十郎。一八六五（慶応元）年、藩の留学生としてイギリスに派遣されるが、この時に松村淳蔵の変名を用い、以後松村姓で通した。ロンドン大学に入学し、一八六七（慶応三）年にアメリカに渡り、ラトガース大学を経てアナポリス海軍兵学校に入学、一八七三（明治六）年に卒業し、同年に帰国した。一八七六（明治九）年、海軍兵学校の校長に就任、創設期日本海軍の多くの将校を育成した。

49　少年時代……石原きち・山田すま・石原みね・前田いち

公令妹　石原きち子刀自（七十九歳）
々　山田すま子刀自（七十四歳）
々　石原みね子刀自（七十一歳）
公令姪　前田いち子女史　談

（一）

記者曰く、故大久保公は五人同胞《きょうだい》であったが、一番上の姉は新納《にいろ》という人に嫁《とつ》ぎ、二十歳にして産のために亡くなられた。次は公で読者も知るごとく紀尾井町《きおいちょう》で亡くなられたが、それから下の三人は、現に今達者でおられる。署名に見ゆる如く三人とも婦人であるが、皆七十有余の高齢をもって壮者を凌《しの》ぐの概《がい》がある。去る十七日には、この三人の御令妹がわざわざ麹町《こうじまち》の石原近義《いしはらちかよし》氏の宅に集まって、故公の追懐談をしてくだすった。師走の風は人の往来の慌しい暮れ近い町々を吹いて、麴町の高見《たかみ》はことさら寒い。四《よ》ッ谷《や》見附《みつけ》から三番町を北へつづく土手の松には、夕焼けの雲が赤々と刷け、枝鳴らす風の勢いは路《みち》の塵《ちり》を煽《あお》って人の顔を反《そむ》けさせる。記者は大久保利武《おおくぼとしたけ》侯と二人で隼町《はやぶさちょう》から下二番町《しもにばんちょう》へと急ぐ道の寒さに、これでは御老人たちのあるいは集まってもらえぬこともやと、恐る恐る石原氏の宅を訪れると、御令妹三人はすでに集まって、記者を待っておられ、思いがけなくも故公が令姪《れいてつ》前田《まえだ》正《まさ》名《な》氏の令閨《れいけい》いち子女史さえも来合わせておられる。

沈言寡黙で伊藤《いとう》（博文《ひろぶみ》）、大隈《おおくま》（重信《しげのぶ》）の諸卿さえもピリピリさした故公の御妹御《おいもとご》のことだから、あるいは六《むつ》かしい顔でもされて、肩が威竦《いすく》まるようでも困るがと思っていたが、三人ともに記者の挨拶に対して、最も親しく和らかに会釈され、貴方に話をするのだと言われたから、皆が怖くて怖くて大騒ぎでございましたが、「よか兄さん持った罰《ばち》じゃ」と言って、諦《あきら》めていましたなどと笑っていられる。これでひとまず安心はしたものの、また一つ困ったことはその言葉である。三人はもちろん令姪も純然たる薩摩《さつま》言葉で、世間知らずの記者の耳には一々の言葉がことごとく分からない。しかし、これも利武侯が側にいて、一々翻訳して聞かしてくだすったが、あまり通弁もたび重なると可笑《おか》しくなって、時々侯と顔見合わしては笑った。

最年長者のきち子刀自《とじ》と次のすま子刀自は截《き》り髪《がみ》にして、みね子刀自だけが灰白の髪を美《うるわ》しく後ろへ束《つか》ねている。きち子女史が細い横縞《よこじま》の羽織、すま子刀自（山田海軍中将の母堂）が黒紋付き、いずれも上品に着ふくれて、両手をキチンと膝《ひざ》の上に組んでいる。みね子刀自は無地の綿入れで、令姪は黒の紋付き、体つきのシャンとした故公の厳《いか》めしい風丰《ふうぼう》は、女ながらに受けつがれたと見える。みね子刀自とは親子だから、主人役で話をしたり世話をしたりされる。（明治四十三年十二月二十九日）

（二）

以下記すところは、記者の問いに対して四人が交々《こもごも》答えられたのを、大久保侯が一々通弁して語られた要領である。

昔の鹿児島は十七、八個の方限《ほうぎり》からできていた。方限というのは、幾つかの町を集めたもので、麹町《こうじまち》方限、小石川方限といった風のものである。大久保公はこの鍛冶屋《かじや》（加治屋）町方限に生まれた。この一の方限の中《うち》に郷中《ごうちゅう》というものがある。郷中は方限で造った一種の青少年結社で、鹿児島の少年は七つ八つになると、必ずこの結社へ入ることになっていた。学校でもあれば、遊戯場でもあり、練武場でもあり、その他種々のことをこの郷中でやる。七ツ八ツから十四歳まで稚児で、十七歳頃の二《に》才衆《さいしゅう》

（年輩の若者）の訓練提撕《ていせい》を受ける。制裁はすこぶる厳重で、十四歳になるまでは、郷中へ行った以上は決して他へ行くことはできず、二才さんに断って誰かと一緒に行ってもらう。親戚へ行くのさえなかなか許されない。

朝八時頃から出かけて、昼に一度帰り、午後の一時頃からまた出かけて行く。どんな幼いものでも必ず二本差して行くことになっていて、そのまた刀を大切にしたことは非常なもので、一旦腰に差した以上は、いかなることがあっても脱《はず》すことはできない。もし帯でも結び直したい場合には、友人に頼んで刀を持っていてもらうか、あるいは帯を結び直す間、凝《じ》っと見ていてもらうようにした。

郷中は別に定まった家に寄るのではなく、順番に座方《ざかた》が廻《まわ》ってくるので、その当番の家へひとまず集まって、それから一纏《ひとまと》めになって遊ぶ。書物を読むこともあれば、あるいは屋外に出て槍《やり》や柔術、撃剣などもやる。遊びは大概「大名かるた」だの「武士《もの》かるた」などで、二才衆も交じって皆《みんな》で遊ぶ。首《しゅ》として士気と武勇胆気を練る目的だったから、主に軍《いくさ》ごっこや戦争の真似ごとをやる（三老人、皆口を揃《そろ》えて、それは荒い荒いことをやりましたと言わる）。軍ごっこの中で、大将ふせぎという遊びをよくやった。読み物も義士や英雄武将のことを記したものをばかり読ませた。

しかし、藩には聖堂という学校があって、これへ行くものもあるけれども、極めて稀《まれ》で一般に惣領《そうりょう》息子だけが行くことになっていた。大久保公も七ツ八ツから聖堂へ通ったが、朝聖堂を済ましてきてすぐ郷中へ出た。大久保公の子供の頃のあばれ方は非常なもので、郷中の稚児連中と盛んなイタズラをした。鍛冶屋町は甲突川《こうつきがわ》のすぐ側であったから、よく游泳《ゆうえい》をやったし、公は自分で凧《たこ》を作って揚げなどした。（明治四十四年一月五日）

（三）

郷中では士気の鼓舞、武術の鍛練を目的としたから、皆で読む本なども大抵は武勇義烈に関したもののみであった。十二月の十四日の赤穂義士《あこうぎし》の打ち入りの晩には『義臣伝』というのを読んだ。赤穂義士の物語を徹夜して読むのである。大久保公は大変これが好きで、十二月十四日の晩には大西郷《だいさいごう》に長沼《ながぬま》（永沼嘉兵衛《ながぬまかへえ》）、吉井《よしい》（友実《ともざね》）、海江田《かいえだ》（信義《のぶよし》）等の親友と集まり徹夜して読んだ。島津義弘《しまづよしひろ》公の虎狩りの記事も読み物の一つで、今の大久保侯なども「元禄《げんろく》元年みずのえたつ……」といって読んだのを記憶しているとのこと。曾我《そが》の討ち入りの夜は曾我兄弟の物語を読んだ。この曾我の討ち入りの夜には、方々の内へ古い壊れた傘をもらいにゆく。そのもらってきた奴を河原へ持っていって、焼くのである。甲突川の原ッ場《はらっぱ》で毎年焚《た》いたものだが、こうすれば兄弟仲が悪くならぬという言い習わせであった。大久保公は神信心の深い方で、子供の時分はいつもこれをやった。

十一、二の頃は、無類のきかんぼうであった。入来《いりく》という湯治場があって、よく湯治に行ったが、お父《とつ》さんの喰《くわ》え煙管《ぎせる》を叩《たた》き落としたりなにかして、盛んにいたずらをやった。この湯治場には普通《ただ》の水の滝と湯の滝と両方あったが、大久保公はこの上流の方へ行って、湯滝の方を堰《せ》きとめて、普通《ただ》の水をその方へ流し、湯治客がにわかに冷たいのに愕《おどろ》いて飛び上がるのを、手を拍《う》って面白そうに眺めていた。

桜島は鹿児島の風景を助ける美しき海上の孤島である。周囲十里もあって鹿児島人は始終遊びにゆく。公はいつもよく遊びにいって、彦作《ひこさく》という者の宿に泊まった。いつか税所篤《さいしょあつし》と二人で桜島へ遊びに行き、噴火口の上に立った。この噴火口へ石を落とすと、山霊が祟《たた》るというので、石を投げることが禁じてあるので、公と税所と二人で面白がって石を投げ込む。宿の主人の彦作が伴《つ》いていっていたので、しきりにこれを止めたけれども、止めれば余計に面白がって投げた。彦作がお山が祟ると言って困れば、なおと喜んでやった。

かつて彦作が公の宅へ来たとき、公は彦作に御飯を喚《よ》んでやるのだといって、自分で給仕をして御馳走《ごちそう》をした。豚の汁の御馳走であった。彦作がもう這入《はい》らぬというのに、公は無理に盛《つ》けては喰《た》べさしたが、公の母上は正助《しょうすけ》さん、そう遣《や》っては彦作に病が出ますぞと言って笑われたことがある（すま子刀自が、あの時何杯食べたでしょうと言えば、みね子、きち子両刀自は、声を揃えて十一杯であったと言い、そんなイタズラでしたと記者の顔を見て大笑いせらる）。そういうイタズラの中《うち》にも、どこか他の子供とは違っていたと見えて、十歳頃に彦作の女房がよく公の宅へ来て、公の母上に「あんたん家《とこ》の息子どんは学の広か人じゃと皆が言います」と言っていた。（明治四十四年一月六日）

（四）

そんな具合で少年時代には、随分乱暴でいたずら好きであったが、そのうちにもどこか外の人とは一風変わったところがあった。鹿児島で有名な学者に鳳徳《ほうとく》（皆吉《みなよし》鳳徳）さんという人があった。これはよほど偉い学者であったと見えて、未だに鹿児島の人は鳳徳さんと言えば皆が知っている。学問もあれば見識もある人で、早くから江戸へ蘭学を学びにいった。非常に世人から尊敬されていて、鳳徳さんは聖人のように今でも思われている。この鳳徳さんの二番目の娘が公の母に当たるので、鳳徳さんはすなわち公の母方の祖父であった。

公は幼い時から鳳徳さんに大変可愛《かあい》がられた。鳳徳さんは公がまだ少年の内に亡くなったので、この可愛がりようを記憶しているのは、令妹の内一番年上のきち子刀自だけであるが、公は実に外の子供や孫とは違って、非常に可愛がられた。どこか見るところがあるものの如く、可愛がっておられたから、公のどこかに変わったところがあったに違いないということが分かる。それと同時に、公の偉かったこと、すなわち権略胆識等の点に秀れていたのみならず、その人に対するに義を以てし、徳の自《おのず》から具わっていたのは、一つはこの鳳徳先生の感化が与《あずか》っていることが肯かれる。

令妹三人とも口を揃えて、正助さんは人から褒められ敬われていたことを記憶《おぼ》えていることと、どこか外の子供とは変わっていたことを話される。

公は大西郷とは同じ方限《ほうぎり》で同じ郷中であったから、したがって小西郷《しょうさいごう》の従道《じゅうどう》《つぐみち》さんとも同じ郷中であった。従道さんたちは大分年輩も違っていたが、公が十七、八になってからというものは、この十四、五の連中、従道さんはじめ外の少年連中は非常に公を恐れていた。このまた従道さんというのが途方もないイタズラ者で（三人口を揃えて、従道さアはいろいろのワルサをしてという）人の家の垣を壊す、石を投《ほう》る、なんとも手のつけようがなかった。それでも正助（公）さんが出てゆくと、皆がバラバラと逃げていってしまった。

二才さんたちでも少年連でも、公と大西郷とだけには一目置いて尊敬し畏服していた。この二人は若い中《うち》から、どこか違ったところがあったらしい。この時分のお友だちで一番仲の好かったのは西郷で、これは兄弟より以上であった。西郷さんは大抵毎日公の家へ来ていて、夜は今の一時二時頃までなにかしら話をしている。西郷が来ぬ時には公が西郷の家へ行く。この二人の一緒におらぬことは稀であった。それから吉井（今の伯の父）に海江田（東郷《とうごう》大将の舅父《きゆうふ》）、伊地知《いじち》正治《まさはる》、税所篤などで、長沼という人があったが、これは若い中《うち》に亡くなった。（明治四十四年一月七日）

（五）

子供の頃からして公は人々に親切で、殊に親戚のものには一層篤《あつ》かった。少し年頃になるとイタズラを止めるとともに、篤実な考えの深い人になって、挙動も沈着になった。親類に病人でもあれば夜昼なしに看護をした。公の母は癪《しやく》持ちであったため、公はよく母を摩《さす》ったものだ。外に女の同胞《きようだい》もあったけれども、摩るのは大抵公で、公が摩ればたちどころに癒《なお》ってしまった。公は大きくなっても、よくおれは按摩《あんま》が上手だとか言い言いされた。

例の公を薫陶した鳳徳《ほうとく》先生の末の娘で、公の叔母に当たる人の病気の時などは、その看護ぶりに皆が感服した。叔母の病気は熱病で、人の厭《いや》がる病であったけれども、公はそんなことには頓着《とんちゃく》せず、十五、六日間も平気で看病をした。夜も昼も附きッきりでおるので、側の者が心配をして休むように言っても聞き入れなかった。この叔母はなお生存しておられるが、公の若い頃から、公を偉い人だ親切な人だと言って、公が書いたものだと紙片《かみきれ》一切《ひときれ》でも大切にしていたものだ。

公はまた妹たちを可愛がった。妹たちのまだ小さい頃から手を取って字を教えたもので、これからの世の中は、女子でも字を知らなければいけぬからと言って、自分で手本を書き、筆も紙も買ってきて当てがって親切に教えた。

三人とも口を揃えて、兄が親切に教えてくれたのに、勉強しなかった罰《ばち》でなにも知りません。兄のいうことを聞いておいたら、面白いお話も申し上げられますのに、と言って賑《にぎ》やかに笑い合い、兄の心の篤さは大変なもんじゃったと口々に言わる。

親戚の者も公の父君、母君も公には服していた。父君でも正助がこういうからとよく言っていた。親戚に年輩の男もたくさんあったが、皆が正助のところへ行って聞けと言って、何事でも青年の公に相談し、公の意見で事を決した。

妹たちは子供の頃になんということなく、皆が偉いように言うので、兄ほど偉い人はないように思い込んでいた。(明治四十四年一月十一日)

石原きちは、一八三二（天保三）年十月生まれ。利通より三歳年下である。薩摩藩士石《いし》原近昌《はらちかまさ》に嫁す。山田すまは、一八三七（天保八）年九月生まれ。薩摩藩士山田《やまだ》有庸《ありつね》に嫁す。石原みねは、一八四〇（天保十一）年六月生まれ。薩摩藩士石原近義に嫁す。前田いちは、みねの娘で前田正名（薩摩藩士、農商務省次官）夫人。

50　高崎くずれの頃……石原きち・山田すま・石原みね・前田いち

公令妹　石原きち子刀自
同　山田すま子刀自
同　石原みね子刀自
公令姪　前田いち子女史談

（一）

記者曰く。昨年秋以来、故大久保利通公の逸話を諸名士より聞きて、掲げきたりしが、本年一月より急を要すべき記事輻輳《ふくそう》したりしため、これが掲載を中止するのやむなきに到れり。今や再び公が事蹟《じせき》を記さんとするに当たり、記者に対して談話せられし諸名士と読者諸君とに謝す。ちなみに本項は石原きち子刀自以下、故大久保公の令妹諸卿の談話の続きなり。

大久保公は十八、九の頃から、藩の記録所に出ていた。書役《しょやく》と称する役で今の書記のようなものである。別に給料も禄もなく、ただ御奉公に出たまでである。
公の二十歳の時に「高崎くずれ」という騒ぎが持ち上がった。
その頃の藩主島津《しまづ》斉興《なりおき》が嬖妾《おもいもの》のお由良《ゆら》の方《かた》というを愛して、嫡男の斉彬《なりあきら》を退け、その妾腹《しょうふく》たる久光《ひさみつ》を立てようとしたことがある。これはもっとも国老の島津《しまづ》将曹《しょうそう》らがお由良の方と結んで企てたことである。この陰謀を聞いた高崎五《たかさきご》郎《ろう》右衛《え》門《もん》、島津《しまづ》壱岐《いき》なんどいう連中が主動者となって、その陰謀を破壊し斉彬を立てようとした。公の父たる大久保《おおくぼ》子老《しろう》（利世《としよ》）なども、その一味である。

　これがちょうど嘉永《かえい》二年であったが、四月にこのくずれは暴露した。そこで島津壱岐以下十余名は自刃を命ぜられ、大久保子老以下は流罪ということになった。大久保公の父は二十歳の公を頭に、四人の子供と公の母とを残して、鬼界島《きかいがしま》に流されたのである。公はわずか二十歳で父らの使者をしただけであったけれども、父の遠島中閉門を仰せつけられ、一家中ことごとく禁足を仰せつけられた。

　父の子老は四月に流されるはずのが、船の都合で十月になった。この六ヶ月の間、父は座敷牢《ざしきろう》に這入《はい》っておられた。青年の頃から物堅い公は、父の入牢中はもちろん、遠島中も一歩も門を出でず、親類へさえも行かなかった。しかし、さらでも家計の困

難な公の一家は、この父を失ってほとんど窮乏の極に陥ったのである。(明治四十四年三月二十六日)

(二)

父の遠島中における公の困難は実に一と通りでなかった(令妹三人で交々《こもごも》その困難の模様を話される)。遠島は足かけ六年であったが、その間は厳しい閉門を受けていて、困難な家計を整理してゆかなければならぬ。それに遠島中の父へ向けて仕送りをしなければならず、内には三人の妹に母、このまた母上があまり心配をし過ぎた結果、持病を起こして寝込んでしまわれたので、その看護をしなければならず、収入といっては一文もなし、その間の困難は実に非常なものであった(三人の令妹が「私どもは小さくて何にも知りませんでしたが、兄の苦心はまア大変だったそうです」と言わるるに、令姪《れいてつ》前田夫人の眼には涙が浮かんだ。記者に知れぬよう、そッと拭《ふ》いておらるる様子である)。

鹿児島に大中《おおなか》神社というのがある。これは島津十四代の祖を祭ったもので、十四代の祖は島津家中興の英主として仰がれているだけに、藩のものの尊崇は非常である。それへ大久保公はこの遠島の間、毎朝毎朝参詣《さんけい》して父の無難を祈った。ついでに天神《てんじん》様《さま》へも詣った。六年が間、毎朝毎朝未明に家を出て、二ヶ所の神様へ参ってくるのに、内の者は誰も知らずにいた。朝のまだ暗い内に出ることは分かっていたが、どこへ行くか分からなかった（ここまで話してくると、三人の令妹も漸々《だんだん》潤《うる》み声になられたが、令姪はついに堪まらなくなってハラハラと涙を流し、差し俯《うつむ》いてしまわれた）。

遠島のおしまい頃になって、ようやく朝詣《あさまい》りに行かれることが分かった。というのは、公はその頃から非常な煙草好きで、朝の禱《いの》りに行く時にも、こればかりは離されなかったものと見える、それをどうしたわけか、社の前に遺失したままで帰られたのを、折よく近所のものが見つけて持ってきてくれた。「これはお内の正助《しょうすけ》さんのでありませんか」と言って持ってきてくれたのを、母上が受け取ってだんだん公に訊《ただ》してみたところ、始めて毎朝大中神社へお詣りに行かれることが分かった。

公の姉は新納《にいろ》という内へ嫁入りされたが、二十歳の時に産で亡くなられた。その夫の子が樺山三円《かばやまさんえん》（資之《すけゆき》）である。ここに大久保公からその頃金を三両貸してくれという手紙が行っていたそうである（これは大久保氏の話）。遠島中にはよほど困って、親類へも金を借りにやられたものと見える。とにかく公のこの間の世間の苦を嘗《な》められたのは大変なもので、後年の大成はこの時の経験がよほど助けをなしている。（明治四十四年三月二十七日）

（三）

父上の遠島中は家政の困難はいうまでもなく、母上の看護と三人の妹の教育、これらのことにまだ二十歳になるかならずの大久保公は、多大の苦辛を嘗《な》めた。しかし、この間は閉門中ではあったけれども、国事のためには始終苦心しておられたらしい。三人の令妹は子供心にも覚えておられるが、夜分にコッそりと志士連中が忍んで来ては、夜を徹してなにか相談ごとをしていた。中にも長沼《ながぬま》（永沼嘉兵衛《ながぬまかへえ》）、福島《ふくしま》（偉健）、西郷《さいごう》（隆盛《たかもり》）、税所《さいしょ》（篤《あつし》）などは常に来ていた。大久保公は閉門中だから出てゆかれなかったから、これらの連中が始終来ていた。殊に西郷は始終来ていて、なにか親しげに内密の話をヒソヒソとしていた。時々は鹿児島の人らしくない人が来たりした。

鹿児島は国境には関所を置いて、他国他藩のものの出入《しゅっにゅう》を厳禁し、少しでも怪しいと見ればすぐ斬《き》って捨てたから、あまり他国の人は来なかった。まして維新当時の浪士なんどは盛んに物色されていたから、なかなか這入っては来なかった。それをどうして抜けて這入ったものか、浪人風の客が閉門中の大久保公を訪ねた。令妹たちの眼には、そんな風だから他国の人とはすぐ知れた。見たこともない風俗で、頭の毛なども長く生やしていたから恐ろしく思われた。

こういう連中が来た時は、公は必ず令妹たちを遠ざけ「使っちょるもんは出すな」と言って、下郎までも退け、下の令妹を出させた。一室で長い間密々《ひそひそ》の話をされたが、時が来て御飯を出すにも、上の方の令妹たちには給仕はさせず、やはり一番下の令妹が出られた（石原みね子刀自は、私はなんにも分からぬものですから、いつでも給仕に出されましたと笑わる）。

六年にして大久保父子の罪は赦《ゆる》され、父上は遠島より帰り、公は閉門を解かれた。やがて順聖院斉彬公の世になったのである。斉彬公の世になると、藩の形勢が一変してしまった。大久保公はただちに徒目付《かちめつけ》に挙げられた。二十七歳であった（徒目付のことは松村《まつむら》中将の談話中にあり）。これから公は英主斉彬公に用いられたのである。お徒目付は四ツに家を出て八ツには帰る掟《おきて》であった。律義一途の公は威儀を正して、時間を違えず登城下向せられた。それから五年目の三十二の時に、藩の重役たる御小《お こ》納戸《なんど》（これも松村中将の談話にあり）に上げられた。文久元年である（みね子刀自は、徒目付から御小納戸まではじきじゃったと言わる）。薩藩においては無類の早い昇進であったのだ。（明治四十四年三月二十九日）

（四）

公は若い頃から派手嫌いであった。お徒目付の頃は家政も豊かでなし、極めて質素な風で、出勤の時には上下《うえした》ちがいの裃《かみしも》をつけていた。平生の起居《ものごし》とりなしは極めて無事な優しい風で、鹿児島風のゴツゴツした威張った風はなかった。お小納戸の頭取になると槍持《やりも》ち一人をつれて登城するのが慣例であったから、公もそのとおりにされた。槍持ちでも伴《つ》れて行くのはちょっと派手なもので、始めてお小納戸頭取にでもなった者は、町を威張って通りたがりそうなものだが、大久保公は少しもそんな風はなく、かえって人通りの少ない、細い路《みち》を択《よ》り択り登城された。稚児の頃は随分あばれものであったが、苦労が多かったせいか、二《に》才《さい》衆《しゅう》の頃から考えも老けて、挙動も沈着になり、鹿児島の若いものが皆やるような兵《へ》児《こ》風《ふう》はさらになかった。

公の二十二、三に人相見が公の家へ来て泊まったことがある。山伏で人相見もやる男であった。それが公の手相を見るなり吃驚《びっくり》して、こんな手の人はあるものじゃないと言って、盛んに褒めた（きち子刀自が、あの山伏さあ、あん時褒めたのなあと言えば、皆々そうそうと言わる）。山伏は公の手を相して、こんな相は私は始めて見たが、これは天下を取る相じゃと言った（この時、きち子刀自は記者に向かい、あれで天下を取ったというものでしょうなアと言わる。記者も微笑《ほほえみ》て、太政大臣《だじょうだいじん》が贈られてありますからという)。公の母上が私の手相も見てくれと言われたら「こげん息子どんのあれば、お前のんな見るこちない」と言って見なかった。公がこの時、私に大願があるが、いつ達するかと聞かれたら、三年後には願望が叶《かな》うと言っていた。多分遠島の免《ゆ》りるように祈っておられたそのことであろう。はたして父上の遠島は、三年にして免りた。この山伏は毎年お札を売りに来たが、この時に来たッきりで、ついに来なかった(記者が、その山伏はどんな風をしていましたと問えば、眼鏡が破《わ》れてついであったと言わる)。(明治四十四年四月三日)

監修者注　太政大臣が贈られたというのは誤りで、利通が遭難にあった当日、勅使が派遣されて右大臣正二位が贈られた。

51　誠忠組時代……石原きち・山田すま・石原みね・前田いち

公令妹　石原きち子刀自
同　　山田すま子刀自
同　　石原みね子刀自
公令姪　前田いち子女史談

（一）

斉彬《なりあきら》公の世となるとともに、藩の形勢が一変し、したがって他藩の薩摩《さつま》に対する考えも大分変わってきた。いわゆる正義派の面々も、志を得て大いに用いらるるに到った。公はもちろん西郷吉之助《さいごうきちのすけ》などは大変斉彬に愛せられて、西郷は種々の密書などを携えて、他藩の藩主の間を斡旋《あっせん》して歩いた。

その内にこの英主斉彬が薨《こう》ぜられた。大久保公の力落としは実に大変なものであった。西郷はこの時分月照《げっしょう》などと京都から兵庫の間を往来して、勤王のために尽くしていた頃で、斉彬公の薨去《こうきょ》を聞くとともに、殉死の志を深く堅めた。それに月照の体も進退維《こ》れ谷《きわ》まり、西郷も斉彬を物騒がる幕府の目から睨《にら》まれて、ついには危ういというので、一層《いっそ》のこと死んでしまおうと決心して、薩摩潟に身を投じた。幸いに西郷だけは蘇生したが、大島へ遠島を仰せつかってしまった。

斉彬公薨ずるとともに、久光《ひさみつ》公の世となった。万事がまた一変せざるを得なかった。そこで、当初、誠忠《せいちゅう》（または精忠）派と称えた面々は、斉彬公の遺志をついで、勤王に尽くそうというのであった。奈良原《ならはら》（繁《しげる》、今の男爵）、吉井《よしい》（友実《ともざね》、伯爵）、大《おお》山《やま》（巌《いわお》、公爵）等の連中が殊に激烈で、公などにも語り合って、京へ脱藩しようという騒ぎまで起こった。

なにしろ斉彬公が亡くなったのが安政《あんせい》五年の七月で、それから久光公が勤王のために上洛したのが文久《ぶんきゅう》二年である。この間の全《まる》三年の大久保公の苦心というものは実に大変なものであった。

誠忠派は脱藩騒ぎを始める。それを鎮撫《ちんぶ》するに、一言《いちごん》で圧《おさ》えつける力のある西郷吉之助は大島へ行っているという始末。勢い心配は大久保公一人でしなければならぬ。しかし、どうも久光公へ近づくことができぬ。どうしても家老などがお側にいて、公などの憂慮し画策するところが上《かみ》に届かない。しかし、どうしても久光公の側に近づいて、よく君公《くんこう》を説いて挙藩一致でもって勤王の魁《さきがけ》をやらねばいけないというので、君公に近づくべき策を考えた。

久光公は碁が好きだ。碁をもって近づけば、近づけぬことはあるまい。その時、公はまだお徒目付《かちめつけ》である。到底お傍《そば》へは寄れぬが、碁ならばお慰みの序《ついで》に、お側へ上がることもできる、お側へ上がってしまえば、いかなるお叱りを蒙っても関《かま》わず、思うところを吐露して君公を動かそう、そうして家老なんどに藩政を任さず、新進の鋭才でもって藩政を改革し、勤王の魁《さきがけ》をやろう、こういうつもりで万事に思慮周密の大久保公が、これからぼつぼつ碁を習いはじめたのである。（明治四十四年三月三十日）

（二）

大久保公は碁を習って、おもむろに久光公に取り入ろうとしてその師匠を撰んだ。ところが、はしなくも税所篤《さいしょあつし》（後の子爵）の兄というのが吉祥院《きちじょういん》という寺の住職をして、これが碁の上手だと分かった。そこでこれへ習いに出かけられた。

ところが、僥倖《ぎょうこう》にもこの吉祥院の坊主が、久光公には常に出入りしていて、久光公の碁のお相手などをしていることが分かったので、さらに喜んで、公はこの住職に頼んで公（久光）に言上《ごんじょう》の使いをしてもらった。久光公に献上して御覧を願う書物は、皆吉祥院を通してやっていたので、公も書物の献上を、この住職に依頼し、その書物の中には、さまざまの建白の文章、国事を難じたものなどを入れておいた。これがはしなく久光公のお目に留《と》まって、碁に事を寄せてお呼び寄せになることになった。それから吉祥院の住職などと一緒に、お側へ上がって碁の相手をするようになった。

そこで大久保公は、当時の誠忠（精忠）派の面々の志を言上し、京都の模様から幕府のありさま、他藩の志士浪人の志などを語って、とにもかくにも薩藩が先んじて勤王の実を挙げるために、京都へ入って御所を守護しなければならぬことを申し上げた。そして、ようやく久光公の同意を得たのである。

ここにおいて例の誠忠派の面々へは、脱藩して京都へ奔《はし》って行かぬように、久光公から自筆の手紙が下った。それがために脱藩の沙汰《さた》は止めになり、共に共に久光公を戴いて、国家に尽くそうということに一致した。これが薩藩勤王のそもそもの萌芽である。この久光公の手紙が出るまでには、大久保公の苦心というものは大変なものであった。当時にあって、君公の意志を過激な勤王党に疎通して、上下《しょうか》一致してやろうということにしたのは、非常な功労である。

話は前へ戻るが、大久保公はその後始終久光公の碁のお相手をされた。久光公は大久保と打つのが一番面白いといっておられた。大久保はお世辞まけをせぬから面白いと言っておられたそうである。段に二子ぐらいであったが、先々代の本因坊秀栄《しゅうえい》も大久保公の相手をして、公の碁の気品の高いのに愕《おどろ》いていた。高《こう》という碁打ち（監修者注—松原致遠『大久保利通』では「吉田という碁打ち」となっている）が常に出入りして、大久保公の相手をしていたが、いかなる場合にも碁がくずれるということがないと言って感心していた。ただ西南戦争の始まった頃は、少し平生と違っていたそうである。これは京都で高という男と打った時の話である。（明治四十四年四月二日）

（三）

御小納戸《おこなんど》になると（文久元年）、公はすぐ京都へ行き、その足で江戸まで行った。そうして久光公を頂いて上洛し、勅旨を得て江戸に出で、幕府に対して戒飭《かいちょく》を加え、順聖公の素志を貫かねばならぬと、深く決心するところがあった。

帰ってこのことを成就するために、種々奔走するところがあった。いずれにしても西郷を呼び寄せねばならぬ。鹿児島の二才衆《にさいしゅう》はいうまでもなく、勤王党の面々は皆西郷に心を傾けている。これを呼び寄せて志士連中の心を統一する必要もあるし、他藩の浪人に対しても西郷がおれば重きをなす。いろいろの方面からいっても西郷を呼び寄せる必要があるので、君公に対して西郷の赦免を嘆願するところがあった。その頃、まだ鹿児島の町に投書箱を設けて、政事に対する人民の希望や忠告を聞くことにしてあったが、その箱を開けてみると、皆西郷を赦《ゆる》して呼び戻してくれというのであった。

その内にいよいよ久光公の上京が定《き》まった。なにしろ公のこの時の熱心というものは非常なもので、久光公の上京を祈るために、順聖公の霊廟《れいびょう》に願をかけに行くこと、ちょうど百回に及んだ。文久二年久光公上京と定《き》まると、西郷も赦免になって、島から帰ってくる。大久保公は久光公に随従して上洛し、聖旨を蒙《こうむ》って江戸に出で、ついに斉彬公の素志を徹底して帰った。久光公のこの東上は、幕閣には随分応えた。ついにこれがために慶喜《けいき》《よしのぶ》公が立ち、松平春嶽《まつだいらしゅんがく》公が後見役となり（監修者注―慶喜が将軍後見職に、春嶽が政事総裁職に就任した）、諸侯の参勤交代が止めになってしまった。

この素志を貫徹して帰った時の大久保公の喜びというものは、実に非常なもので、公はこれはひとえに神仏のおかげだと言って、すぐ順聖公の霊廟へお礼詣《れいまい》りに行かれたそうである（大久保《おおくぼ》利武《としたけ》侯曰く、随分信仰心の深かった人と見えて、日記を見ると、この帰藩の時には、喜びのあまり三日間神仏の礼拝に割かれたとあります、云々）。

鹿児島における藩祖の諸廟はいうまでもなく、遠いところにある楠公《なんこう》神社にまでもお礼詣りに行かれた。この楠公の宮は、公などの若い時、楠公の忠精を慕って、若い者同志で作ったお社で、鹿児島から二里半もある伊集院《いじゅういん》という所にあった。公なども材木を担いで、小高い処へ運んだりして建築したもので、造営のできた時は、家内中にもまいれと言われたので、令妹たちも皆お参りに行かれたそうである。これは公の二十三、四の頃で、父君の遠島中であったが、若い者が金を出し合って作ったのである。

神信心の篤《あつ》いことはこれでも分かるが、日記を見ると、この時、福昌寺《ふくしょうじ》、天満天《てんまてん》神《じん》、楠公社、大中様《おおなかさま》、順聖院様へ二、三日お礼参りすとあるし、その東上の時、高輪《たかなわ》の大円寺《だいえんじ》という寺に、大久保家の四代前の墓のあるのを多忙中に探して参ったとある。また、明治三年の頃の日記に、伊勢の大廟《たいびょう》に詣《もう》でたことを記し、多年の宿志を満足すと、感慨深く記してある。その外神仏に対しては終生篤くされた。(明治四十年四月四日)

監修者注　松原致遠は『大久保利通』のなかで、三月三十日、四月二日、四月四日の掲載記事は、大久保利武の談話によるものであると記している。大久保利通の三男利武は慶応元(一八六五)年生まれであるから、誠忠組時代の利通については、思い出話としてではなく、後から得た知見を述べているのである。

52　故公雑話……石原きち・山田すま・石原みね・前田いち

公令妹　石原きち子刀自
同　山田すま子刀自
同　石原みね子刀自
公令姪　前田いち子女史談

（一）

公の父君というのは大変に客の好きな人で、常にいろいろの人が遊びにきていた。人が来れば嬉しがって、それを待遇《もてな》した。その代わり、誰も来ぬ時には、大変淋《さび》しがって機嫌がわるかった。西郷《さいごう》や税所《さいしょ》（篤《あつし》）その他の二《に》才衆《さいしゅう》が来ても、嬉しがっていろんな話をした。したがって、話が好きであった。随分戯談《じょうだん》も言われた。

公の母君というのは極く人の好い、始終笑っている人であった（記者曰く、公の令妹たちもよく笑われる。なにか一言話しては、面白そうに口を押さえて笑われるが、すると外の二人もこれに誘われてホホホホと笑われる。母上の風丰《ふうぼう》が目に見ゆる心地がされた)。令妹の一人が「よく笑う人じゃったなア」と言われると、外の二人も「そうそう」と言って、面白そうに笑われる。

公の結婚は二十七の年であった。三十一で(文久《ぶんきゅう》元年)御小納戸《おこなんど》になると、市蔵《いちぞう》という名に変わったので、それまでは正助《しょうすけ》と言っておられた。市蔵は殿様から頂戴した名である。お側役《そばやく》に昇進してからは、万事に物堅く律義であった公は、毎日殿様のお側へまいらねばならぬからと言って、朝風呂へ入られた。これから習慣になって、毎朝風呂へ入るようになられた。

朝風呂へ入って身体《からだ》を清浄にし、それから衣冠を正しくされる。いくら朝早く来客があっても、整然《ちゃん》と袴《はかま》を着けねば誰にも逢われなかった。髪も奇麗《きれい》にされた。たとい始終来る目下のものにでも、この身仕舞いができねば逢うことはされなかった(記者曰く、記者が牧野《まきの》(伸顕《のぶあき》)男爵を訪問するのは大抵朝八時前だが、男はどんな場合でも必ず羽織袴で威儀を繕って出られる。話に聞く故公そっくりである)。

公の礼儀にあつく目下の者にでも丁寧であったことは、もうしばしば記したが、碁を囲んでいる時でも、用事か何かで座を立つ時には「ちょっと失礼します」と必ず丁寧に辞儀される。たとい下のものと打つ時でも必ずそう言われた。

武術の方は深い素養もなかったが、郷中の頃に示現流《じげんりゅう》の剣術をやった。示現流というのは鹿児島の外《ほか》にはない流儀で、木の棒でやったものだ。東郷《とうごう》という師範家があって、それが教えた。柔術も十七、八の頃まで海老原《えびはら》先生というに従って習った。体が弱かったので止《や》めてしまった。(明治四十四年四月五日)

(二)

公は格別これという病気はなかったが、身体《からだ》は強い方ではなかった。十七、八の時にちょっと患ってからは、始終強壮とまではゆかなかった。喘息《ぜんそく》が持病であった。それに痔《じ》もあった。痔疾では西南戦争の前年も難儀をされた。小さい時から痩《や》せた方で、十七、八の時には、殊に痩せておられた。胃病もあったらしい。好きな物はお菓子もその一つであったが、鹿児島鮨と言って、薩摩《さつま》特有の鮨があるが、それが好きであった。おそばも好んで喰《た》べられた。酒は甘い方のが好きで、自分が五目ずしを作って食べられることもあった。しかし、なんと言っても第一の好物はお漬物に煙草であった。お漬物は御飯の時に前へずらっと列《なら》べさしたもので、数が多くないと気に入らなかった。あちらこちらと箸《はし》を着けて食べられた。

冬になると、猪《しし》の汁を好んで食べた。烏賊《いか》の小さく切ったのを三杯酢《さんばいず》にしたのも大の好物。お酒は維新後はほとんど飲まず、ただ鶏卵《たまご》に砂糖とブランをまぜたものを少量《すこし》ずつやられた。これは毎朝のことである。

煙草の好みは随分八釜《やかま》しかった。これはおれの唯一の贅沢《ぜいたく》だと言っておられたが、買わせられるものが一番迷惑した。普通のものでは少しも気に入らなかった。そしてまた、非常に多量に用いられたもので、なにしろ昼の煙管《きせる》と夜の煙管と別々にしてあるくらいであった。それを毎日毎日キチンキチンと掃除をしておかぬと八釜しいので、一日でも掃除を怠ると、煙脂《やに》で煙脂で吸えなかった。

お茶も随分好みがあった方《かた》で、これも贅沢と言えば贅沢、京都の玉露に限っていた。たくさん入れさして、その中へ熱い湯をシュッとさして湯呑《ゆの》みへ注《つ》いで飲む。どんな味だろうと他《はた》のものが取って喫《の》んでみると苦いものであった。

維新後は朝はパンの後へ濃い茶をやり、それに例の種々《いろいろ》の香《こう》の物《もの》を食べられる。なにしろ淡泊《あっさり》したものが好きで、冬になると蕪《かぶ》などを三杯漬《さんばいづけ》に食べるのが好物であった。(明治四十四年四月六日)

(三)

大西郷と公の仲の好かったことは、実に兄弟でもあんなことはないくらいで、公の在国中はもちろんのこと、東京の宅へでも始終遊びに来ていた。昼も夜も来ていて家《うち》の者のようにしていた。大西郷が遠島を仰せつかっている時分は、西郷家も随分苦しかったもので、公は殿様からお金を頂戴して西郷の家へやられたこともある。

大西郷が島から赦《ゆる》されて帰った時に、公の母上に向かって、今までは正助どんに大変心配をかけたが、もうこれからは正助どんに心配かけ申さんがと言った（令妹たちはこのことを話し、心配かけ申さんと言っておきながら、後で大きな心配をかけられましたと言って、例のように快濶《かいかつ》に笑わる）。

公の一家及び親族に篤《あつ》かったことは非常なものであった。御維新の後東京に来られてからは、始終皆のものを側へ呼びたい呼びたいと言っておられた。殊に令妹たちを可愛《かあい》がられた。この妹御たちを可愛がられたのは、自分の情にもよるけれども、一つは公の母上が亡くなられる時分に、公を枕頭《まくらもと》に喚《よ》んで、くれぐれも小さな妹たちを頼むと遺言されたによるものである。御維新後に大西郷を時の政治に与《あずか》らそうとしたけれども、西郷が動かぬので、勅《みことのり》を蒙《こうむ》って、公は久光《ひさみつ》公、大西郷及び毛利《もうり》公、木戸《きど》（孝允《たかよし》）公等を呼びにゆかれたことがあった。その時に鹿児島へ下ったのが維新後はじめての帰国で、久しぶりに妹御たちに逢うのを大変喜ばれ、三人へ対して金子百両ずつを贈られた。きち子刀自はその時の書き付けを取り出して見せられる。

覚え

金子　百両

右は軽微の至りに候へども、亡母上様御臨終のみぎり、御方どもの事くれぐれもたのむよの御遺言、始終心にかかり候へども、是まで早々に打ち過ぎをり、心事相果たさず候、このたび高にても差し遣はしたく候へども、代として右のとほり進め入れ候条、御尊霊へ申し上げ給ふ、いささかながら家資に備へ、親の為、子の為と相なり候へば幸甚なり

明治二年二月　（花押）

きちどの

（記者曰く。文中、高とあるは禄高をいう）

なにしろ当時の百両は、今の千円よりも多い金であったのを、令妹たちへ向けて各々百両、合計三百両を贈られた訳である。例の公一流の筆で以て、奉書紙に書いてあった。令妹たちがこれを皺《しわ》にもせずに大切に保存しておられるのをみても、公の誠実は分かる。（明治四十四年四月七日）

（四）

お側役《そばやく》になると、公は席の暖まる遑《いとま》がなくなってしまった。文久元年にお側役になると、すぐ自分一人で上洛《じょうらく》して近衛《このえ》さん（前左大臣近衛忠熙《ただひろ》）と打ち合わせにいった。近衛さんが時期がまだ早いというので帰ったが、その翌年には久光公の上洛があり、序《ついで》に江戸まで来た。その後はたびたび江戸、京都、鹿児島の間を往復された。

維新後東京住居《ずまい》となってからは、親戚のものを呼び寄せたい呼び寄せたいと、始終言いづめにしておられた。国の方へは手紙がたびたび来た。丁寧な手紙で女にもよく分かるように書いてあった。手紙の宛名には夫人の名から令妹たちの名（三人とも名を連ね）子供の名前までもずらッと列《なら》べて書いてあるのが常であった（記者が牧野男爵家で見せてもらった書面にも、差し出した方の署名のところには、公自身の名と利《とし》和《なか》侯の名や牧野男の名前等が書《か》き列《つら》ねてあり、宛名の方には女の名前が五つ六つ書いてあった）。

西南《せいなん》戦争前にはたびたび東京へ皆を呼び寄せる手紙が来た（令妹たちは口を揃《そろ》えて「それはもうたびたび来ました、よくよく側へ置きたかったと見えます」と言われる）。

東京から贈り物がよく届いた。老人には老人らしいもの、若い者は若い者と、一々品物がよく調べて気に入るようなものが入れてあった。皆《みんな》が東京へ来られてからは、暇があれば皆で公の宅へ押しかけていった。

公は時々よく冗談を言われた（令姪《れいてつ》前田夫人曰く「それはよく冗談を言われましたが、それがほんとに上手でした。真面目な顔をして、面白いことを言われるのが上手で、いつかの久米《くめ》〈邦武《くにたけ》〉博士のお話の中《うち》にありました。あの西洋の夫人が岩倉さんに、いろいろ質問をするのを聞いて大久保が側にいて、だんだん詰問が六《むつ》かしかったのうと言ったとありましたが、ああいう風の冗談が実に上手でした」と言わる）。よく芝居に皆を連れていってやりたいが、俺《わし》が伴《つ》れてゆくと新聞に出るからのうと言われた。

役所から帰られると、小さい子供に靴を脱がせるのが習慣で、子供は力いっぱい靴を引っ張るものだから、靴がぬけるとすぽーんと後ろへ転ぶ、それを見て興《きよう》がっておられた。

家でも大抵は洋服で、冬はストーブを焚《た》いておられた。滅多に日本室へは来られなかった。

記者附記。上来連載せる故公令妹諸卿の談話は、談話そのままを記さんには、口々に語られしものとて統一なく、よって記者はこれを補綴《ほてつ》するとともに、したがって当時席を同じゅうして記者とともに談話せられたる大久保利武《おおくぼとしたけ》侯の話も多く加味せり。かつまた事の当年の政事上その他、公事上に関せるものは、令妹諸卿自ら語られしものにあらずして、記者が談話の聯絡《れんらく》を取らんがために加えたると、大久保侯と記者との間に、考証的に交わされし談話をも加えたり。令妹諸卿に対し深くこれを謝するとともに、併せて読者諸君に告ぐるものなり。（明治四十四年四月八日）

53 密勅降下の真相……大久保利武

大久保利武氏談

記者曰く。左に記すは去年の暮れ、故公令妹諸卿と石原《いしはら》家に会したる際、大久保侯のたまたま語り出でられしものにして、記者かつてその一端を雑誌『新国民』に談《かた》りしことありしも、維新史中の珍談に属するを以てここに掲ぐ。

まだ斉彬《なりあきら》公在世の頃の話である。大久保公も大西郷《だいさいごう》翁も、この公には愛遇されたものであった。この公の炯眼《けいがん》はとくに京都の手入れを遂げて、大勢になんらかの転回を試みようとしておられたに違いない。

その頃、大隅《おおすみ》国志布志《しぶし》という処《ところ》に、ある寺があって柏州《はくしゅう》という坊主がいた。これがなかなかの傑物で、京都の相国寺《しょうこくじ》の梵圭《ぼんけい》という僧と親交があるという噂《うわさ》があった。時の志士であった大久保、西郷の二人《ににん》は、第一にこれへ眼をつけた。京都の相国寺は近衛《このえ》家と関係があって、住職の梵圭は近衛家の裏門から始終出入りするという間柄で、柏州を説いて、柏州からさらにこの梵圭を説かせ、旨を含めて近衛公に、薩藩《さっはん》勤王の志を打ち明け、あわよくば奏上を遂げて、密勅でも頂戴すれば占めたものだ、こういうのが西大両傑の心事であった。時事を見るに眼の敏い斉彬公も、無論そこに気がつかれたに違いない。

そこで大久保公と大西郷と二人でこの使者に行かれ、柏州に逢って、天下の大勢を論じ、懇々と斡旋《あっせん》を依頼したけれども、さすがは傑僧だけに、すぐは諾《うん》と言わない。お前たちのような青二才が、一身の処置さえできもせぬ癖に、天下の大勢を論じるなどというのは大間違いだ、そんな真似をして騒ぐよりは、本でも読んだ方がよかろうと言って聴かない。

止むを得ず二人は帰って、今度はさらに斉彬公からも使いが行くことになり、二人も行って熱心に説いたために、ついに柏州も納得し、斉彬公の密旨を齎《もたら》して京都にいった。相国寺の梵圭も平凡《ただ》の坊主でないから、すぐ斡旋して近衛公に説いた。やがて先帝から密勅が下って柏州がこれを頂戴して鹿児島へ帰ったのである。これが薩藩勤王のそもそもである。相国寺と島津家とは古い関係で、京都における島津家の御菩提所《ごぼだいじょ》になっており、現に戊辰《ぼしん》の戦争の時には、薩軍の本営になっていた。(明治四十四年四月十日)

54　大久保論……大隈重信

大隈伯爵談

大久保か、維新時代唯一の大政事家じゃ。征韓論《せいかんろん》の心事についてはかれこれ言うが、書生的の談論では、あの時の大久保の心事は到底尽くされるものじゃない。大久保は西郷《さいごう》などとは質《たち》が違う。西郷は政治家じゃないが、大久保は純然たる政治家じゃった。征韓論前までは大久保、木戸《きど》（孝允《たかよし》）この二大英傑の心事は、とかくに背《はい》馳《ち》しがちであったのが、西洋を巡回してきた結果、あの際には偶然にもこの二英傑の心事が一致したのだ。そうしてあの勢いの熾《さか》んであった征韓論を阻止してしまった。どういう訳でというのか、それは明言する範囲じゃない。とにかく大久保は沈着な冷静な深謀のある大政治家じゃったから、その眼で見て到底征韓のことは行えぬと見たのさ。

西郷との友情か、それは深かったろう。しかし、それと征韓論とを一つ物にしないところに大久保の大久保たる特色があるのだ。

木戸と大久保が、どちらが偉かったとも言えぬが、木戸は神経質で、随分小さいことを心配していたようだが、大久保の特質は意志の堅固と冷静と決断力に富んでいたこと、これぐらいだろう。とにかく木戸、大久保は維新時代の二大英傑じゃった。

とにかく大久保は偉かった。第一その人物骨格が見るから偉人たることを証明していた。非常に威望があった。一見して人を圧するような容貌であった。それに身軀《からだ》の権衡が十分に取れていて、すこぶる達者らしいし、西郷のような不細工な身軀でなかった。この骨格、躰軀《たいく》、容貌、これらは大久保に非常な光彩ともなり、特徴ともなっていた。

教育らしい教育は受けた人ではなかったろうが、大久保の幼時からのことを考えてみるに、なるほどあれだけの人物になる実際的教育を受けたことが首肯《うなず》かれる。（明治四十四年四月十三日）

55　二十年間の大苦心……大隈重信

大隈伯爵談

大久保がどうしてあんな偉人になったかは、面白い研究問題だが、原因はいくらもある。吾が輩は大久保の祖先を知らぬから、どういう遺伝や系統からあんな男が生まれたか分からぬが、幼年時代からの外国の事情境遇を考え合わせてみるに、外《ほか》からの訓練だけでも大久保は大成しただけのものはある。

幼年時代に父母がどんな教育をなしたかは分からぬが、恐らく大久保も例の鹿児島流の兵児《へこ》教育で育ったのだろう。しかし、それよりは第一に時代が彼を教えている。天保《てんぽう》元年頃から、すでに天下は太平に倦《う》んでおる。なんらかの転回なしには済まされぬ気運である。内は藩政に倦《あ》き、幕政に倦き、外《ほか》は外交の端《たん》がすでに開けている。天性すでに偉器を抱いて生まれた大久保が、この時に遭遇したのだから、その心中に大いに懐抱するところがあったことは疑いがない。

彼が二十歳ぐらいの頃に鹿児島ではお家騒動が起きた。しかし、この騒動が島津家であっただけ世間の注目を引き、幕府もすこぶる憂慮していた。大久保などが信任された島津斉彬《しまづなりあきら》、これはよほど英明な大名であったが、これの父に斉興《なりおき》というのがあって、江戸屋敷にいる頃に、神明かどこかの女であったそうだが、お由良《ゆら》というのを愛して、これの腹に久光《ひさみつ》というが生まれた。

で、斉彬公が嫡男で当然継嗣であるべきのを、お由良の方がこれを好まず、斉彬を廃して久光を立てようとした。これは一つは事なかれかし主義の当時の家老どもが、斉彬の英明に過ぎるのを憂えた結果、お由良の方を慫慂《しょうよう》したのかも知れぬ。とにかくこの騒動は大きかった。お由良崩れと言って島津藩は大騒ぎであった。

幕府も大いに心配したが、時の閣老の阿部伊勢守《あべいせのかみ》（老中・福山藩主阿部正弘《まさひろ》）などは大の斉彬びいきで、どうかして斉興に隠居をさして、斉彬の世にしてやりたいと思って、斉興を幕府へ呼びよせたことがある。そして、斉興に将軍から茶壺《ちゃつぼ》を賜った。徳川の習慣として、将軍から茶壺を賜るのは、隠居しろという諷刺《ふうし》で、茶でもやって余生を楽しめという意味なのだ。しかし、鹿児島のような田舎に育った武骨者の島津侯には、そんな意味は汲み取れず、平気で茶壺をもらってきて、やはり世を譲らずにいた。

吾が輩などはまだ子供の頃で知らなかったが、十九か二十歳《はたち》頃になってこの話を聞いた。大久保などは当時はまだ十八、九であったろうが、この騒動は彼に正義のなにものたるかを深く知らしめたに違いない。大久保の正義に忠なる性質から推すに、彼も心中において幼き斉彬党、すなわち正義党であったに違いない。（明治四十四年四月十五日）

56　その教訓者……大隈重信

大隈伯爵談

大久保を偉くしたのは、以上に述べたものの外にまだある。今の斉彬《なりあきら》公と深く神契黙会するところのあった幕閣阿部《あべ》（正弘《まさひろ》）伊勢守、これが幕末の大政事家じゃった。この人と薩摩《さつま》とは深い関係があって、伊勢守の墨跡や話などは、鹿児島に随分残っているくらいじゃそうな。大久保はその青年時代において、親しくこの大政事家のやり方を見て、権略ということも学んだに違いない。権略ということについては水戸《みと》烈公（徳川斉昭《とくがわなりあき》）の感化もあったようだ。吾が輩の眼から見たところでは、大久保の政治のやり口は、どうも烈公と阿部の感化がよほどある。大久保は長くはなかったけれども藩政にも与《あずか》った。この藩政の時代に、すでに政治上には苦しい経験をしたに違いないが、この経験を提《ひっさ》げて新日本の廟堂《びょうどう》に臨んだのじゃ。

吾が輩が想うに、大久保ほど苦労をした人は少なかろう。第一に、斉彬公の没するとともに、後には深くなったろうが、その当初はあまり深く信任のなかった三郎《さぶろう》公、すなわち久光《ひさみつ》じゃ、この人を戴いて仕事をしなければならぬ。下には空威張りに威張る二才衆《にさいしゅう》がある。精忠党がある。これらを圧《おさ》えて上下《しょうか》の調和を計らねばならぬ。久光の世となるとともに、西郷《さいごう》はあまり容れられなくなった。この西郷と久光の関係のためには、実に苦しんだらしい。久光と西郷との関係は、したがって久光と大久保自身との関係のようなものじゃが、この関係が藩政の時代はまだよかったろうけれども、維新の時、及びそれ以後になると大問題になった。この関係から当時のことを論じ出すと、ずいぶん立ち入った穿鑿《せんさく》もしなければならぬから止めるが、なにしろ大久保の心を痛めた問題の最も大いなるものの一つじゃ。これは文久《ぶんきゅう》元年から明治六、七年まで続いている。

それから岩倉《いわくら》（具視《ともみ》）公と三条《さんじょう》（実美《さねとみ》）公との関係についても随分苦しんだ。岩倉は公卿《くげ》であったが豪傑、維新の大業もこの人がなかったらできなくはなかったろうが、なお幾年かの後であったかも知らぬ。したがって、この人には、西郷にしろ大久保にしろ、豪傑が附く。三条さんは岩倉に較べると穏和な方であった。この二人《ににん》は維新の中心になったんじゃが、動《やや》ともすると相背馳《あいはいち》せんとしていた。大久保がこの二人の間の調和の楔子《けっし》にならなかったら、新日本の政治はチグハグなもので急速の進歩はできなかったろう。（明治四十四年四月十六日）

57　その教訓者・続……大隈重信

大隈伯爵談

岩倉《いわくら》（具視《ともみ》）と三条《さんじょう》（実美《さねとみ》）との背馳《はいち》は、やがて西郷《さいごう》、大久保と木戸《きど》（孝允《たかよし》）との関係にならざるを得なかった。したがって、これが薩藩《さつはん》と長藩との関係になる。この薩長の権衡ということには、大久保は一番頭脳を悩ました。それでも常に木戸に不平があって、動《やや》ともするとこの二英雄が反目するような形を呈したことがある。それに新政府の財政上の困難や兵力の微弱、これがまた一通りならぬ苦労であったし、旧慣に泥《なず》んだものの反抗はある。こういう大難に当たって大久保は新日本を作ったのである。大久保が二十年の公事、私事に関する大苦労は新しき日本を作るだけの力があったほど、それほど大久保は大した苦労をした人である（ここに到って伯の声に無量の力籠《こも》り、拳《こぶし》をもって卓《たく》を叩《たた》くを自ら覚えざるに似たり）。

この大苦労がやっと脱けて、これから大いに積極的発展をやろうという時に、西郷の暴動が起こった。あの財政上、兵力上およびその他の言うに忍びぬ大苦労には、さすがの大久保も参ったろう。吾が輩の知っている大久保は、いつも沈んだ考え深いような人でもあった。しかるに、これが苦労のためにそうであったと知ったのは、十年の戦争が済むと、二十年の苦労がようやく晴れたという面持ちになり、急に打って変わって言うこともハキハキしてきた。

かつて伊藤《いとう》（博文《ひろぶみ》）とおれとを呼んで、今までは吾が輩はいろいろの関係に掣肘《せいちゅう》されて、思うようなことができなかった。君らもさぞ頑迷な因循な政事家だと思ったろうが、これからは大いにやる。おれは元来進歩主義なのじゃ。大いに君らと一緒にやろう。一つ積極的にやろうじゃないか、と言った風の話で、盛んな元気であった。しかるにだ、この満々たる元気をもって政治に当たり、ようやく実力も権力も大いに振るおうという時になって、あの暗殺だ。大久保が初めて愁眉《しゅうび》を開いて、志を得た間はわずかに八ヶ月、二十年の大苦辛になんら酬《むく》いられるところなく、ただ八ヶ月のみ安らかな思いをして死んだのだ。（明治四十四年四月十七日）

大隈重信《おおくましげのぶ》　一八三八（天保九）年〜一九二二（大正十一）年　佐賀藩士。幕末に長崎で英学を学んだ際に、宣教師フルベッキに会い、世界の情勢を教えられ、開明的知識を身につけた。明治新政府では大蔵官僚の中心として出発し、一八七〇（明治三）年、参議となり以後一八八一（明治十四）年の政変で下野するまで、政府の中心メンバーであった。とくに大久保利通が内務卿に就任してからは、参議兼大蔵卿として、参議兼工部卿の伊藤博文とともに大久保政治を支えた協力者である。

解説

1　本書のなりたち

本書は、大久保利通に身近に接した人々によって語られた、いわば肉声で綴られた大久保メモリーである。『報知新聞』の記者松原致遠が、それぞれの人物にインタビューして記事にまとめたもので、時には会話体で、時にはモノローグのかたちで、大久保利通についての想い出が語られる。

『報知新聞』には一九一〇（明治四十三）年十月一日から掲載され、翌年一月十二日から三月二十五日まで中断した後、三月二十六日から再開され、四月十七日で終わっている。全部で九十六回（日）にわたって掲載されたものである。

談話者は大久保利通の肉親（次男牧野《まきの》伸顕《のぶあき》、三男大久保《おおくぼ》利武《としたけ》、妹石原きち・山田すま・石原みね、および姪前田いち）、内務省における大久保配下の官僚（前島《まえじま》密《ひそか》、千坂高雅《さかたかまさ》、河瀬秀治《かわせひではる》、速水堅曹《はやみけんそう》、松平正直《まつだいらまさなお》、佐々木長淳《ささきちょうじゅん》）、岩倉遣外使節団と北京談判の際の随員（林董《はやしただす》、久米邦武《くめくにたけ》、田辺蓮舟《たなべれんしゅう》、小牧昌業《こまきまさなり》）そしてアメリカ留学生だった高橋新吉《たかはししんきち》とドイツに留学していた佐藤進《さとうすすむ》、郷里をおなじくして薩摩人としての大久保を語る高島鞆之助《たかしまとものすけ》と松村淳蔵《まつむらじゅんぞう》、大久保を支えた閣僚の大隈重信《おおくましげのぶ》、あるいは幕末京都時代の大久保を知る山本復一《やまもとふくいち》、西郷と大久保の両雄に接して残った数少ない人物の一人米田虎雄《こめだとらお》である。これらの人物の簡単な経歴は、本文中で、談話が終了した所に掲げておいたので参照されたい。なお松原致遠個人については、何も情報を捜し出すことができなかった。

2　過去における出版と本書の編集について

『報知新聞』に掲載された記事をもとに、松原致遠編で『大久保利通』（一九一二〈明治四十五〉年、新潮社）が刊行されている。この松原『大久保利通』は、新聞掲載の記事に手を入れたもので、掲載の順番も改めている。たとえば「維新前の公」の部では少年時代、青年時代・藩政時代、国事奔走時代の三章に談話をまとめ、「維新後の公」の部では、内治の苦心、部下に対する公、あるいは欧米巡遊・北京談判中の公、南洲と甲東というようにテーマ別の章だてで全体が編集されている。

本文にも相当手を加えられ、松原と話者との間の、談話の前の挨拶や、談話中の印象を記したものなど、インタビュー当時の情景・雰囲気を伝える部分が削られてしまっている。また、どういう理由か不明の点もあるが、十五日分の談話記事が削除されていた。

この松原『大久保利通』は、その後稀本となっていたが、鹿児島県で挙行された大久保利通没後百年（一九七八年）記念事業の一環として、一九八〇（昭和五十五）年に鹿児島県で復刻された。この復刻は、大久保利通の孫にあたる、歴史学者・元立教大学教授大久保利謙が、時の鹿児島県知事鎌田要人に提言したことによって実現したものである。ただしこの鹿児島県復刻本は限定出版（非売品）で、限られた人、限られた機関に配られたのみで、一般の人々は入手できなかったのである。

この鹿児島県復刻版『大久保利通』では、松原『大久保利通』に「補遺編」が加えられ、二分冊一セット箱入りで出版された。「補遺編」には、松原が削除した十五日分の談話記事の内、十一日分が新聞記事を復元した形で掲載されている。この「補遺編」に掲載されたものを以下に掲げておく。番号と表題は本書講談社学術文庫『大久保利通』の目次と同じものを記す。順番は「補遺編」掲載の順である。

1　大久保公の俤　前島　密　明治四十三年十月一、二日掲載
14　人を知るの明　前島　密　明治四十三年十二月二十七日掲載
48　大久保公雑話　松村淳蔵　明治四十三年十二月二十四日掲載
12　清廉なる公　千坂高雅　明治四十三年十月二十一日掲載
35　大久保公と伊藤公　速水堅曹　明治四十三年十二月三日掲載
17　大久保公雑話　久米邦武　明治四十三年十月三十一日掲載
16　洋行中の公（五）　久米邦武　明治四十三年十月三十日掲載
11　友誼に篤き公　千坂高雅　明治四十三年十月十八日と十九日掲載の一部
15　大久保公余談　小牧昌業　明治四十三年十一月二十六日掲載
2　公の家庭教育　牧野伸顕　明治四十三年十月三日掲載

「補遺編」には大久保利謙による解説（談話者の略歴も含む）があり、それによると、補遺は東京大学「明治新聞雑誌文庫」所蔵の『報知新聞』を底本としたとある。ところが、調査漏れがあったとみえて、次の四日分が脱落している。

19　公正なる大久保公　佐藤　進　明治四十三年十一月三日、四日掲載
53　密勅降下の真相　大久保利武　明治四十四年四月十日掲載
54　大久保論　大隈重信　明治四十四年四月十三日掲載

また、二〇〇三（平成十五）年にマツノ書店から、鹿児島県版『大久保利通』が復刻出版されたが、鹿児島県版の二分冊を一冊にしたものであるから、「補遺編」で脱落したものは、拾い上げられていない。

今回の講談社学術文庫版の編集にあたっては、国立国会図書館所蔵の『報知新聞』マイクロフィルムを底本として、できるだけ当時の新聞掲載の原形を生かすようにこころがけた。

3　本書（学術文庫）と松原『大久保利通』との違い

『報知新聞』に掲載された記事と、刊行された松原致遠『大久保利通』（以下、松原本と略す）とはかなりの違いがある。復刻された二冊（鹿児島県版、マツノ書店版）は「補遺」以外は、松原本と同じであるから、上記三冊の刊本と新聞との違いを述べておこう。これはすなわち本書（学術文庫）と既刊本との違いを指摘することになるのであるが、ここでは、(1)削除されたものと(2)加筆されたもの、そして(3)刊本から漏れたもの、以上三点に分けて述べておこう。

(1) 削除されたもの

本書(学術文庫)37「当時の紀尾井町」は、松原本では「維新後の公」の部第九章、南洲と甲東(其一)「両雄の心事」の冒頭に掲げられている。ところが、新聞掲載記事の最初の部分、すなわち記者松原が紀尾井町の大久保哀悼碑の前で凶変当時を偲んだことや、談話者である高島鞆之助邸の構え、あるいは、いすくまれるような気持ちがすると表現する高島将軍の風貌などを記した部分は、松原本では全部削除されているのである。このようにインタビュー前の情景描写やその場の雰囲気、記者松原の話者に対する観察記事などは、松原本ではおおむね削除されている。これは松原本の編集方針である。

これとは違って、掲載記事に訂正や誤りがあった時、松原本で修正や削除がなされるケースがある。たとえば本書10「公平無私の公」では、大久保が賄賂を取った部下の松田道之を処分した話となっているが、松原本(第四章、部下に対する公)では松田の名は消され「某」となっている。この点に関しては、明治四十三年十月二十二日の記事(本書13「西郷との情誼」)の末尾で注記して、松田道之の名は誤りであったと訂正し、二十七日の記事(本書14「人を知るの明」)でも、前島密に松田道之のこととするのは誤りであろうと指摘され、記者の記憶違いであったと、本文中で訂正している。ただし松原本のなかでは、この誤りと訂正については一切触れておらず、前島密の談話（14）も削除されている。前島の談話は、松田道之についての話で、記事の誤りを指摘する内容であったから、松原本に掲載することは都合が悪かったのである。

開拓使長官黒田清隆《くろだきよたか》夫人の死因について語った本書11の千坂の談話も、十月十八日掲載分のほとんどと、十九日の冒頭部分が削除され、十八日記事に十九日記事を接続させた形で、松原本に掲載されている（黒田夫人の死は、明治十一年）。千坂高雅は酒癖の悪い黒田清隆が、酒に酔って帰宅して、夫人を蹴殺したと断言したのであるが、その部分が削除されたのである。この件に関しては、十月二十七日の記事（14「人を知るの明」）の末尾で、松原が「黒田開拓使長官の夫人に関する件は、記者の筆記に誤りあり、ここに全部を取り消す」と記していた。

さらに、後日、小牧昌業の談話（15「大久保公余談」十一月二十六日）で、はっきりと結核による喀血で亡くなったという話を掲載している。このような経過をみると、千坂の話は信憑性が低いとする松原の結論だったのではなかろうか。松原本では蹴殺したとする談話部分がなくなっているので、この小牧の談話も松原本には掲載されていない。

(2) 加筆・追加されたところ

本書41「家庭の公」（利通の三男・大久保利武の談話）は、最も分量が多く加筆された箇所である。加筆の経緯については不明であるが、松原が改めて利武に取材したとも推測される。貴重な証言もあるので、新聞記事との重複を厭わず、松原本の全文を採録した。

貴重な証言とは、二本榎（現東京都港区）別邸について述べた箇所である。大久保の住んだ家については、後で少し詳しく触れるとして、この別邸は明治六（一八七三）年の十一月二十九日に大久保が内務卿に就任する、その直前から使用される別邸である。利武の談話にあるように、三万坪の広大な敷地に、果樹や茶、桑等を植えた実験農場でもあったのであり、大久保はこの別邸で、内務省殖産興業政策を自ら実施していたのであった。

この別邸については『大久保利通日記』に、時々登場するほかは、勝田孫弥『大久保利通伝』にも記述がなく、したがってこの利武の談話が、別邸について現在得られる唯一の情報である。

(3) 刊本に未掲載の談話

松原本に未掲載の談話については、上記リストの内、11、14、15は上述したように、はっきりとした理由があった。また2の牧野伸顕の談話「公の家庭教育」は、本書41「家庭の公」の利武の話と内容が重なる部分が多いので、松原本では伸顕と利武の談話を、一緒にまとめたように見える。たとえば新聞に引用された利通の手紙が、松原本の利武の談話の末尾で引用されている。松原本の凡例で、大久保利武が校閲し、牧野伸顕の助力を得たとあるから、両者の同意の上でなされたことであろう。しかし、その他の記事については、よく分からないとしか言いようがない。前島密の談話などは、西郷決起の電報に接した時の大久保の表情や、暗殺される数日前にみた西郷の夢など、実に興味深い証言となっているのであるが、松原本では削除された。あくまでも推測であるが、あるいは前島から本への掲載を断られたとも考えられる。

鹿児島県版『大久保利通』の「補遺編」からも脱落したものは、作為はなく調査漏れによるものである。「補遺編」の解説で大久保利謙が、『報知新聞』紙上の連載は、明治四十四年一月十一日まで、としているように、十二日から連載が中断された後、三月二十六日から再開されたことを紙面で確認していない。

4　『大久保利通伝』を補う連載

『報知新聞』は発行部数三十万部半ばを越していたと推定される、当時の我が国最大の新聞である。前身は『郵便報知新聞』といい、大隈重信をリーダーとする改進党系の新聞であったが、一八九四（明治二十七）年に『報知新聞』と改めると同時に、家庭・一般紙に紙面を一新して、読者を急速に増やした新聞である。ただし、大隈重信との関係は依然として続いており、この連載の最後を大隈の談話でしめくくったのも、そのような事情によるものであろう。

さて、『報知新聞』の連載は一九一〇（明治四十三）年十月一日から始まったが、その数ヵ月前に、大久保利通の最初の本格的伝記『大久保利通伝』（勝田孫弥著、上中下三冊）が発行されている。この伝記編纂に深く関わり、著者勝田孫弥に対するさまざまな助力を惜しまなかったのが、利通の三男利武であり、利通関係の遺稿を提供し、勝田の史料収集に力を貸していた。利通を知る存命の人物に対する聞き取りもなされており、おそらくこの点でも利武の協力が大であったであろう。

思いついた推測にすぎないが、新聞連載の企画には利武が関わっているのではなかろうか。肉親を除いた談話者十七人の内、三人が鹿児島出身者で、六人が元内務官僚であり、現役内務官僚大久保利武の先輩である。新聞記者松原致遠がこれらの人物を捜し出し、連絡を取って面会し、聞き取りをする、これらのことをすべて自力で行えたとは考えにくい。伝記編纂の過程で蓄積した情報を、利武が松原に提供したのではなかろうか。

ともあれ、結果として、『大久保利通伝』ではあまり触れられなかった、家庭での素顔、内務省執務室における姿、西郷に対する思いなど、利通の多様かつ豊かな表情が、ここで再現され、『大久保利通伝』を補うものとなった。この年は利通が暗殺されてから三十二年経っていた。利通がもし生きていたとしたら八十歳であるから、利通を直接知る人も少なくなっていた。そうしたことからも、この大久保についての証言は、まことに貴重なものであった。

5　本書の内容について

(1)　囲碁についての逸話

ここで本書から、いくつかの興味深い談話を取り上げて、少し説明を加えておきたい。51「誠忠組時代」の中で、利通の囲碁について、次のように述べられている。

薩摩藩下級士を中心とした改革派集団誠忠組のリーダーである利通が、「挙藩一致」で「勤王の魁」の行動を起こすことを決意した。しかし、藩主に意見を達する途は遠いので、藩主茂久《もちひさ》（忠義《ただよし》）の父島津久光を通じて建言することを考えた。だが、身分の違う久光に接触することができない。そこで、久光が好きな碁をもって近づくことを思いつき「これからぼつぼつ碁を習いはじめた」。利通は碁を習って「久光公に取り入ろうとして」師匠を選んだ。師匠は誠忠組の同志税所篤の実兄である僧吉祥院である。「ところが、僥倖にも」吉祥院が久光の碁の相手で、常に久光のところに出入りしていることが分かった。そこで、利通は「さらに喜んで」吉祥院にたのんで、建白書などを久光に届けてもらった（二六四頁）。

ほとんどの大久保利通論で引かれてきた、有名な囲碁の逸話である。しかし、この談話には明らかな間違いと、大きな誤解を招く表現がある。それは以下の点である。この話は誠忠組が脱藩上京（水戸浪士の井伊大老襲撃に呼応して）を決行しようとした、一八五九（安政六）年秋から翌年にかけてのこととして語られている。本文の監修者注でも記しておいたが、この部分の談話は利武によるものである。利武はまだ生まれてもいない。だから、だれかから聞いた話を伝えているのである。（文書記録類にはこの件について触れたものはない）。

間違いは「これからぼつぼつ碁を習いはじめた」と、一八五九年から碁を習いはじめたとする箇所である。ところが、利通は十年以上も前の一八四八（嘉永元）年の日記に、三番勝負の碁を打って負けたと記しているように、すでに早くから一人前の碁打ちだったのである。実はこの部分の利通の日記は一九二一（大正十）年に発見されたもので、談話の時点で利武はこの事実を知らなかったために、上記のような談話となったのである。

また碁の師匠とした吉祥院が「僥倖にも」久光の碁の相手であることが分かったとする記述にも、疑問が残る。吉祥院は利通の同志であるとともに終生の友人であった税所篤の実兄であり、大久保家と税所の家とは、父の代から親密な付き合いをしてきた間柄である。しかも、吉祥院は当時名人と称された打ち手で、早くから久光の碁の相手であった。この事実を利通が知らなかったとするのは不自然である。吉祥院と利通との関係については、利武は税所篤から直接話を聞いているはずであり（税所篤は一九一〇年六月に死去。『大久保利通伝』の校閲者の一人である）、この点からも疑問が生ずる。また、「久光公に取り入ろうとして」とする表現も誤解を生みやすい。推測であるが、談話のこれらの部分は、話を面白くするために、松原致遠によって手を加えられた箇所で、利武の談話が正確に再現されていなかったとみるべきではなかろうか。

利通が吉祥院と碁盤を囲み、吉祥院を通じて久光に建言したことは事実である。中国の歴史・故事にみられるように、囲碁は身分の高い者に進言する手段として用いられた。すなわち中国では、囲碁は下位の者が、上位の者に意を達するための正道だった。利通もそれに倣っていたのであろう。とはいえ、利武のこの談話は誤解を生じやすいと言わざるを得ないだろう。

ともあれ、この逸話は、利通の人間像を描く場合のキイ・ワードとなっていった。権力に近づき、利用するために碁を手段とした、というように、利通の策謀と権力志向を指摘する際の定番として用いられたのである。そして、利通のこの行為は「卑劣」な方法であるとか、同志の眼をぬすんで権力に近づいていったというように、読み手によって誇大に解釈され、あるいはねじまげられてゆくのである。いわゆる逸話が一人歩きしていってしまった、典型的な例であろう（この点に関しては、私自身もかつて、利通は久光に近づくために碁を習ったと書いて、同様の誤りを犯している。なお、この逸話について詳しく知りたい方は、拙稿「大久保利通と囲碁の逸話」『明治維新の新視角』高城書房、二〇〇一年刊で検討しているので参照されたい）。

(2) 征韓論政変について

征韓論をめぐる政変（一八七三〈明治六〉年）の際、大久保利通と西郷隆盛は、お互いに相手に対してどのような感情を持っていたのか、また明治十年の西南戦争の際にはどうであったのか、これらは昔も今も多くの人が最も関心を寄せる問題の一つである。西郷は何一つ直接に大久保について語ったものを残さなかったが、大久保は本書にみられるように、断片的ではあるが、西郷について語っている。

征韓論政変における西郷の意図と大久保の立場について、高島鞆之助と牧野伸顕、そして松村淳蔵の三人が語っている。高島は次のように言う。開国を求める日本との外交交渉に応じない、無礼な朝鮮を懲らしめなければ、国の恥辱である。しかし、事を起こすには大義名分が必要だ。そこで「翁（西郷）は自分で（朝鮮に）出かけて行けば、きっと朝鮮人はおい（俺）を殺すに違いない、おいがやられたら後は事を起こすに大義名分が立つ、これが西郷翁の心事じゃった」と述べ、西郷は桐野利秋に「おいが死んだらやれ」と言っていたと語る。

そのようなこと（事を起こすために死ぬつもりでゆく）が分かっている以上、大久保は西郷を「出してはやれない」その「心持ちはおいにはよう分かる」と述べ、さらに西郷は日本国家の重鎮であり、その「西郷を殺してまで朝鮮のカタをつけなければならぬことはない」というのが大久保の「心事の骨子」であったと証言している（一九〇、一九一頁）。牧野伸顕も同様に「西郷は死ぬつもりでおるが、西郷を死なしては国内の鎮撫においても困るし、国力という点でも差し響くから」西郷は朝鮮にやれないというのが、父利通の心事であったと述べる（三五頁）。また、松村淳蔵は西郷従道が大久保に「どうか兄貴を朝鮮へやらぬようにしてくれ」と頼みに行ったという話を紹介している（二四一頁）。

死にに行く西郷を大久保が止めた、というのが鹿児島人の理解であったように思える。高島と牧野の談話は、まず実の兄のごとく敬愛する西郷を死なせたくないという、それが利通の心情であった、と理解する前提で話を進めている。分かりきったことは話さないだけのことである。また、牧野伸顕がいうところの、西郷が死んだ場合の「国内の鎮撫」とは、強硬論士族の暴走を鎮めることであるが、そのような事態が起こらないようにするためにも、西郷を朝鮮に派遣してはならなかったのだ、と述べていたのである。

征韓論政変は大久保が権力を握るための政治闘争であったとする見方がある。これに対しては林董の次の談話があることを紹介しておこう。「難局に当たって、一切の責任を自分で引き受けて、難きは自ら任じ、易きは人にさせるという、あの態度は外の人の真似のできぬところである」「権力の争奪はむしろ大久保死後だ」（三九〜四一頁）。

(3) 西南戦争について

大久保にとって、鹿児島士族の決起は十分過ぎるほど予測されたものであった。ただし、西郷の動静には頭を悩ましていた。が、西郷が江藤新平《えとうしんぺい》や前原一誠《まえばらいっせい》のような「無名の軽挙」（伊藤博文宛、大久保書簡）をやるわけがない、というのが大久保の当初の結論だった。

内務省には鹿児島士族の動きについての情報が、次々と寄せられる。そこには西郷の決起はほとんど間違いないというものもあった。当然、大久保はその情報を知っている。しかし、大久保は「西郷は大丈夫だ」といい続けた。そこで配下の内務官僚千坂高雅が、西郷は私学校党に取り巻かれ、勢いにまきこまれて、自分の意志では動くことができなくなっているに違いない、ここは情において忍びないであろうが「玉（西郷）石ともに砕かねば」ならないと進言したところ、大久保は「殊の外不興であった」という（七四頁）。

西郷が「出た」という電報が来ても、「父は決して信じませんでした」と牧野伸顕は語る（三六頁）。しかし、信じざるをえない時が来る。「いよいよ西郷が出た、昨夕電報が来た……昨夕は一睡も」できなかったといって、大久保が「眉宇の間に重い黒い影」を漂わせて内務省に出省したのを、前島密が迎えるのである（二三頁）。大久保が最後の最後まで、西郷は決起していないといい続けたのは、西郷を信じていたからであるが、同時に松平正直が述べるように「今でも逢えばすぐ（西郷は）分かるのだ」という気持ちが強かったからである（一八一頁）。しかし、会うことはかなわなかった。

大久保は閣議で、鹿児島出張を希望した。だが、許されなかった。行っても私学校党にさえぎられて西郷には会えなかったであろう。生きて帰れるかどうかさえ危ぶまれた。政府としては大久保をそんな所にやるわけにいかない。

実は、西郷も大久保に会おうとしていた。西郷が鹿児島を出発する際に、県庁に（ということは政府に）「政府に尋問の筋」があって出発すると届け出ていた。政府とは大久保の政府の意味である。大久保に会って「尋問」したいことがあるから鹿児島を出発する、といっていたのである。大久保に会って、大久保の政府と戦争をするために、またそれが最大の目的であるなら、「尋問」ではなく、激しく大久保の政府を糾弾する声明を発するであろう。しかし、そうではなかった。少なくとも西郷自身は、戦争することを目的として起《た》ったのではないだろう。武装した鹿児島士族を従えていたのは、陸軍大将西郷隆盛としての行動だったからであり、手ぶらで国を出ることは、薩摩武士の美意識にとって笑止（鹿児島では、恥ずかしいの意味）のことだったからである。

牧野伸顕は次のように証言している。西郷の心事を分かるのは自分だけだ、後世に西郷が誤り伝えられないように、自分が西郷のことを書き残しておかねばならないと、父利通が言っていたと（三七頁）。しかし、それは実現しなかった。西郷の真の心事とは、どのようなものだったのだろう。もしかしたら現在の我々は、西郷の心事を誤って理解しているのではなかろうか。

(4) 大久保と西郷との関係

西郷隆盛と大久保との仲を、親友であったということがあるが、誤解を生みやすい表現である。大久保は西郷から二年と八ヵ月後に生まれている。この歳の差があっては対等な関係とはなりえない。鹿児島城下に生まれた者は、七歳頃になると一定区域の町で作る方限《ほうぎり》（地域）の青少年のための組織である郷中《ごうちゅう》に入る。郷中は厳しい掟《おきて》もある、一種の結社のようなもので、教育や練武をはじめ青少年のあらゆる行動が、この郷中という組織のワクのなかで行われるのである（二四五頁）。西郷はこの郷中における、同世代のリーダーだったのであり、大久保を指導する立場の先輩だったのである。

しかし、利通の妹たちが、二人が「一緒におらぬことは稀」だったと証言するように（二五一頁）、極めて親しかったことはいうまでもない。ただその親しい仲というのは牧野伸顕が述べるように「肝胆相照《かんたんあいてらす》」というような言葉を超越した「ちょっとは想像のつかぬ友情であった」という（三四頁）。あえて想像して、大久保の側からいえば、大久保にとっての西郷は、敬愛する実の兄のような存在だったのではなかろうか。時には意見の対立があるが、二人だけで会って胸襟を開いて話をすれば、分かり合える仲だったのである。

西南戦争が始まる前に西郷に会えなかったことは、大久保にとっては痛恨の極みとして心に残ったことであろう。だから、夢を見た。前島密は次のように、大久保から聞いた夢の話を伝える。西郷と言い争って、終《しま》いに格闘となったが、西郷に追われて、崖から落ちた、自分の脳が砕けてビクビク動いているのが見えた、という夢である（二四、二五頁）。夢分析をするつもりはないが、私には、この夢は大久保と西郷の仲を、知らず識らずのうちに大久保が自ら語ったもののように思える。西南戦争では、大久保の政府軍が、西郷の薩摩軍に勝った。しかし、大久保が西郷と二人きりで、夢のなかで格闘すると、大久保は西郷に負けるのである。これが大久保の心中にあった二人の関係であろう。征韓論の政変でも、また西南戦争においても、大久保は西郷に勝ったとは、決して思っていなかったに違いない。

(5)　内務卿としての大久保

大久保の下僚だった千坂高雅は「イヤモウ、こわくてこわくて堪まらなかった、ハハハハハ。何をいうても黙っておってのう」と言うが（七二頁）、「こわい」と言うのは威厳に接した感情を表現しているのである。たとえば、病臥中の木戸孝允を、大久保が京都の木戸邸に見舞った時の話で、近くの一室で横になって雑談していた伊藤博文や槇村正直《まきむらまさなお》（京都府知事）が、あわてて襟を掻《か》き合わしたり、袴のひだを延ばしたりして座を正したことを佐藤進が証言している（一一一頁）。別の言い方をすれば高橋新吉が話すように、大久保の前に行くと「威厳に撲《う》たれるような感じ」がしたのである（四三頁）。ただし、いうまでもないが、大久保はことさらに、そうした態度で振る舞っていたわけではない。

前島密と河瀬秀治の談話に、酒気を帯びた西郷従道や中井弘《なかいひろし》が、前夜の酒席の話をはずませ、料亭の仲居が用もないのに役所に出入りしていたことなどが述べられているが（二三頁、一二五頁）、当時の役所には、そのような面があったのである。大久保は、そうした無秩序を嫌い、自ら近代的な秩序ある官庁の雰囲気と執務姿勢を示そうとしていたのかもしれない。このようなことなども、こわさや威厳を感じ、人によっては窮屈さを感じたのであろう。

大久保が寡黙であったことは、誰もが指摘するところである。ただし、誰とでも会い、隔てなく話を聞き、しかも「よく人の話を聞く人であった」（二四〇頁）。静かに真剣に部下の意見を聞き、深く考え検討してから断を下した。ひとたび部下の意見の採用を決めると、信任した部下に「やるだけのことをやらせ」た。そして、「責任は一切自分（大久保）が引き受けられた」。だから、「部下のものは一生懸命に仕事をすることができた」と河瀬秀治は回顧している（一一四、一一五頁）。部下の意見に率直に耳を傾け、よしとするものは積極的に採用する、そうした大久保の姿勢は、本書の内務官僚ＯＢの談話に共通するものである。

(6) **大久保の私邸と家族**

山本復一の談話に、大久保の妾ゆうが、鳥羽伏見戦争の際にひるがえった錦旗を作るために、西陣で錦地を買った話が出てくる（一六三頁）。大久保がゆうと、京都御所のすぐ近くの寺町石薬師にあった借家で生活を始めたのは、薩長盟約が結ばれた後の、慶応二（一八六六）年の三月初めと推測される。この家の隣には長屋があって、これも大久保の名義で借りていた。長屋は京都に入る事を許されていない長州藩士を、薩摩藩の者といつわって滞在させるためのものであった。品川弥二郎もここに潜伏していた。

慶応元年二月初め以来、鹿児島に往復するために元年三月、七月、八月、そして二年二月の、わずか計四月《よつき》京都を離れただけで、慶応三年十月に「討幕の密勅」を持って鹿児島に帰国するまで、大久保は京都に居続けるのである。あまり酒を飲めず、遊ぶことにも不器用な利通には、身の回りの世話をする人が必要だったのだろう。慶応三年七月には、ゆうとの間に四男の達熊が生まれた。鹿児島の夫人ますとの間には、長男彦熊（利和、一八五九年生まれ）、次男伸熊（牧野伸顕、一八六一年生まれ）、三男三熊（利武、一八六五年生まれ）があり、鹿児島で生活していた。

東京遷都後の明治二（一八六九）年五月二十日に、大久保は東京麴町三年町（現在の霞ヶ関、首相官邸付近）の家に入居した。そして、まもなく六月二十六日に京都からゆうと達熊が到着した。ついで四年正月、大久保が西郷隆盛を政府に引き出すために帰鹿した際に、鹿児島の長男と次男を連れて帰京した。二人の東京着は二月二日である。

本書に引用した、明治四年八月二十四日付の大久保から鹿児島の夫人ますに宛てた手紙をみると、利通以下五人の男子の名が書き連ねてある（三〇頁）。このうち、四男達熊、六男駿熊、七男七熊がゆうとの間の子で、この時鹿児島では、三男の三熊（利武）と五男雄熊が母と一緒に生活していた。なおこの後ゆうとの間に、八男利賢が誕生している。

牧野伸顕と高橋新吉の談話にあるように、長男利和と次男伸顕は、明治四（一八七一）年十一月十二日にアメリカ留学のため、父利通と横浜を出港しているから、初めての東京には十ヵ月しかいなかった。しかしこの間に彼等は、父と西郷との濃密な交情「ちょっとは想像のつかぬ友情」を身近に体験したのである。利通と西郷が揮毫《きごう》するのを、墨をすったり、紙の端を手で押さえて手伝ったのは、この頃のことである（三四頁）。

鹿児島から妻と四人の子供（三熊と雄熊、そして、米国留学から帰国して鹿児島に帰っていた長男と次男）が上京したのが、大久保が北京談判から帰国した後の明治七（一八七四）年十二月九日である。ゆうはこの時点で、二本榎別邸に移っていたことだろう。この二本榎別邸は大久保が内務卿に就任（明治六年十一月二十九日）する少し前から使われていたもので、三万坪の敷地で、ここに外国から取り寄せた果樹や桑などを植えた、一種の実験農場が付設されていた。ここで大久保は、彼個人でも殖産興業を実践していたのであった。この別邸は、利武の談話にもあるように、公務多忙な大久保が、休日に家族とともにくつろぐ場であるとともに、利通が親しい友人たちと碁盤をかこむ、貴重な私的空間であった。

大久保の本邸は明治八年初めから一年近くかけて、旧居と同じ場所に木造洋館が新築され、九年四月十九日に天皇を迎えている。まだ私邸の洋館は珍しかったのであるが、外国人と会い接待する場をかねて造られたもので、迎賓館や常用できる会議室を持たなかった（明治六年に政府の中央官庁が火災で焼失）政府は、個人の家で外国人を接待する方針だったのである。

洋館の新築を、鹿児島士族は大久保の奢侈《しゃし》・奢りと厳しい非難を浴びせた。だが、金をかけたものではなかった。総費用四千円（明治八年の元老院議長の年俸が六千円）だったという。建築資金には北京談判の恩賞として下賜された一万円の一部があてられたが、家具や調度品の購入などのために、五代友厚や税所篤らの親しい友人から借金していた（洋館と別邸、家族のことなどは、拙著『志士と官僚』講談社学術文庫、二〇〇〇年の第四章「政治と私の空間」で詳しく触れてあるので参照されたい)。

大久保の死後、約八千円の借金があったと伊藤博文が証言している(勝田孫弥『大久保利通伝』下巻)。また、千坂高雅は、遭難した後で調べたら、全財産は現金で「タッタ七十五円しかなかった……嘘のようだが本当だ」と述べ、かつ大久保は「清廉潔白」の人物だったと語るが、この評も大久保を語る人々に共通する言葉である。そして、千坂は「清廉潔白」は後世の「お手本」であり「伊藤(博文)は、あれを学ぶんだと始終言っていた」と興味深いエピソードを紹介している(七〇、七一頁)。事実、伊藤も財を残さなかった。

(7) ヨーロッパ・北京・その他のエピソード

ヨーロッパ旅行中の大久保については、久米邦武の談話に詳しいが、ここに登場する政治家大久保は「帰国して後は……引退するつもりでおられた」というように、かなり弱気になっている姿をみせている。たとえばバーミンガムに向かう汽車の中で「私のような年取ったものはこれから先のことはとても駄目じゃ、もう時勢に応じんから引く方じゃ」と言ったということである(八八、八九頁)。自分を年寄りといっているが、この時はまだ四十二歳でしかなかった。

たしかにこの時の大久保は、世界の最高水準を誇るイギリスの工業とそれに基づく富の力に圧倒されていたことは事実で、彼にとってのイギリスは、はるか彼方の目標にみえたに違いない。日本の経済力・技術水準を考えれば、イギリスの工業化社会に到達するのは、あと何十年かかるか予測もつかない。二十年ですむとしても、その時には六十二歳になっている。そのように考えると、これは自分たちではなく、次の世代の仕事だという気持ちになったのではなかろうか。

大久保が気を取り直したのは、ベルリンでヨーロッパの後発国・統一国家が成立して間もないドイツの宰相ビスマルクに接してからであった。ビスマルクは大国イギリスにも気後れせず、果敢に近代化をめざして、国家建設に力を注いでいたのである。大久保の発見は、ドイツに学びイギリスを目標にすることである。すなわちイギリスの富強を、ドイツ・ビスマルクの政治力で、達成することであった。

北京談判において、決裂の危機を迎えた大久保は、日記に「進退ここに谷り候」（『大久保利通日記』明治七年十月七日の条）と記している。しかし、動揺を顔に出すことはなかった。この日の大久保は平然としていて「顔色は曇ってもいなかった」と小牧昌業は証言している（一五三頁）。佐賀の乱の際に、飛んで来る弾丸のなかを平然として歩く大久保を、米田虎雄は「沈勇」と表現しているが（一三七頁）、たしかに大久保は、危機に直面しても常に冷静沈着であった。また、小牧は、北京談判における大久保について、交渉が巧みであったことよりも、その「担任力の強い」ことが印象に残ったと語っている（一五五頁）。担任力とは責任感の意味である。強い責任感のもとで決断し行動する人、これも多くの人々に共通する大久保評である。

ところで、大久保は北京談判に臨むにあたって、決裂した場合どうするか、戦争も辞さないとするのか、それともできるだけの譲歩をするのか、出発前にどのように考えていたのか、このことについて彼自身は何一つ記録を残しておらず、今にいたるまで、意見の分かれるところである。

だが、この問題に関して、高橋新吉と同席していた「薩（摩）人」の談話は、大変興味深い事実を明らかにしている。その人物は、伊藤博文から直接聞いた話として、戦争を辞さないつもりであるのかどうか、直接大久保に尋ねることができずにいたが、横浜まで見送りにいった時に、大久保が「じきに帰って来る」と言ったのを聞いて、戦争をやるつもりはないと、ここでようやく伊藤は判断することができた、ということを紹介している（四四頁）。これは大久保の真意がどこにあったのか、その点を明らかにするための、有力なヒントを提供する、貴重な証言である。

(8) 大久保利通の個性

大隈重信は大久保を「維新時代唯一の大政事家」(二八〇頁)だったと評し、あのような「偉人」となったその一因は、薩摩藩の「お由良崩れ(または高崎くずれ)」といわれるお家騒動が、大久保に「正義のなにものたるかを深く知らしめた」(二八四頁)実際的教育となっていたのだろうと述べている。

また、妹たちが語るように、お家騒動によって父は遠島、利通も謹慎となり、一家は窮迫するが、長男の利通があらゆる困難に耐えて、家と家族を維持したのであった。この時の大久保は強い責任感をもって、かつあくまでも誠実であったことも、彼女らが語るところである。大久保の個性をもっともよく表す言葉を三つ挙げるとすれば、正義、責任、誠実であるが、大久保は青年時代に、はっきりとその個性を際立たせていたのである。

たとえば妹たちの話に、大久保は献身的に病人の看病にあたるなど、子供の頃から「人々に親切」であったと言い(二五一頁)、高橋新吉と久米邦武も同じく、親切であったと回顧している(四三頁、九五頁)のであるが、言い方を換えれば、さまざまな局面で人と接する場合の、大久保の誠実さが強く印象に残ったのである。

明治初年における、政策をめぐる政治的対立(たとえば明治三年の民部省・大蔵省問題における、木戸孝允、大隈重信などとの意見の相違）などから、ともすれば大久保は保守的だと見られることがあるが、本来の大久保は決して保守の人ではない。

次男の牧野伸顕が語るように、明治四年二月に鹿児島から上京させた子供を、早速外国人教師のもとに預け、同年十一月には、二歳上の兄とともに十歳の伸顕をアメリカに留学させるのである。また、鹿児島の夫人ますに送った手紙でも、これからは女も学問が必要だから修業させるように述べている（二九頁）。

大久保がきわめて自然に、新時代に対応していったことは、彼の肖像のトレードマークともなっているヒゲによっても分かる。近世の日本社会では、武士も含めて一般の人がヒゲを生やすのは、隠居してからである。したがって、大久保が、髷《まげ》を結ったままでヒゲを生やしたとは考えられない。大久保の日記には、渡米以前に断髪した記事がないから、おそらく船中で断髪したのではなかろうか。ちなみに木戸孝允は明治四年八月三日に東京で断髪した。明らかに洋行の準備の一つである。

大久保は船中で断髪し、ヒゲを生やし始めたのだろう。そして、サンフランシスコで写真を撮り、西郷隆盛に送った。西郷の返事はこうだった。醜態きわまる、もう写真を撮るのは止めなさい、気の毒千万に御座候（明治五年二月十五日付書簡）。西郷は、窮屈そうに背広を着け、ヒゲの顎を突き出したようにポーズをとった大久保を、無理して西洋人のまねをしていると、からかったのである。おまえ、もう止しなよ、そんな格好、みっともない、と言っていたのである。西郷だから言えた言葉であった。

西洋に対しての、大久保、西郷両者のスタンスの違いは歴然である。西郷は西洋に対して、一定の距離感を持って接しようとしたのに対して、大久保はよしとするものに対しては積極的であった。大久保と西郷との違いを、一つ挙げるとすれば、この点である。

大久保はヨーロッパから帰ってからは、朝食はパンであった。その際に、ブランデーと鶏卵と砂糖をカクテルしたものを少量飲用した。好物は漬物と煙草と茶で、好みがうるさかったという。お茶は京都の玉露にかぎり、茶葉をたくさん入れ、それに熱い湯をシュッとさして湯呑みについだ。これらが大久保の贅沢であったという（二七一、二七二頁）。

大久保利通略年譜

＊一八七二年までは陰暦

西暦	邦暦	年齢（数え）	主要事項
一八三〇	天保元	一	8月10日　鹿児島城下加治屋町に生まれる。父利世、母ふく子の長男。
一八四六	弘化三	一七	この年、藩の記録所書役助となる。
一八五〇	嘉永三	二一	4月8日　おゆら騒動に連座し、父利世が座敷牢入り、利通は免職となる。　10月4日　父利世、遠島となり沖永良部島に向かう。家計窮迫する。
一八五三	嘉永六	二四	5月　利通禁を解かれ、藩記録所御蔵役となる。
一八五七	安政四	二八	11月1日　徒目付となる。　12月　早崎ます子と結婚。
一八五八	安政五	二九	12月　有志が盟約し、脱藩義挙を計画、利通がその中心となる（西郷隆盛は月照と入水、遠島となる）。
一八五九	安政六	三〇	7月7日　長男彦之進生まれる。　9月　脱藩義挙（水戸浪士の井伊大老襲撃に呼応して上京）を計画。　11月5日　藩主島津茂久の諭書により断念する。このころ利通と岩下佐次右衛門を中心とした有志集団を誠忠組と称する。　11月6日　島津久光から利通宛に、再三の建言を受け取った旨の書簡。
一八六〇	万延元	三一	2月21日　脱藩義挙を藩庁に申し入れるが、久光に反対され断念。　2月26日　久光・藩庁が「変事の際、率兵上京」を誠忠組に約束、藩是と定まる。　3月11日　城下重富邸で久光と初めて面会。　閏3月　勘定方小頭となる。
一八六一	文久元	三二	10月22日　次男伸熊生まれる。　11月　御小納戸に抜擢され、藩政中枢に参画。　12月28日　鹿児島出発、初めての上京。
一八六二	文久二	三三	1月13日　京都着、翌日近衛忠煕・忠房と面会、久光の上京について話し合う。　3月16日　久光に従い鹿児島発（西郷隆盛は先発、久光の許可を得ず上京して、久光が激怒す）。　4月9日　兵庫の海岸で、久光の処分に従うよう西郷を説得（刺し違えんとするエピソード）。　4月23日　寺田屋事件。事件後の後始末にあ

			たる。 5月20日 御小納戸頭取に（別段の思し召しを以て）昇進となる。 5月22日 久光に従い京都発、江戸へ。 6月7日 江戸着。 8月21日 生麦事件、利通が藩士の鎮静にあたる。 9月7日 鹿児島帰着。 9月30日 御用取次見習となる。 12月9日 鹿児島発、上京。 12月25日 京都発、江戸へ。
一八六三	文久三	三四	1月3日 江戸着、松平春嶽、山内容堂に会い、将軍上洛延期を建言。 1月9日 江戸発、帰国へ。 2月10日 御側役（御小納戸頭取兼任）に昇進。異例の早さと評判となる。 7月2日 薩英戦争。 8月18日 薩摩藩と会津藩が中心となり朝廷改革の政変（八月十八日政変、藩首脳部は京都に滞在せず、利通は鹿児島で政変計画に参画）。 9月12日 久光に従い鹿児島発、上京（新しい国是を定めるため）。
一八六四	元治元	三五	1月13日 久光が従四位下左近衛権少将の官位を受け、朝政参豫を命ぜられ、新国是決定のための朝議に出席、利通は公家、老中、諸侯の意見調整に奔走。 4月18日 久光に従い京都発。 5月9日 鹿児島着。 8月 征長不可の建言。
一八六五	慶応元	三六	1月25日 鹿児島発。 2月7日 京都着。 3月22日 京都発。 4月3日 鹿児島着。 5月21日 鹿児島発。 閏5月10日 京都着。 6月末 京都発。 7月8日 鹿児島着。 8月末 鹿児島発。 9月初 京都着。 9月24日 長州再征勅許に反対し、薩摩藩は以後「割拠」の方針を藩論とするべきことを藩首脳部に進言するため、利通の手紙を持って西郷が京都を発つ。同様の趣旨を長州藩に伝えるため、坂本龍馬を長州に派遣する（薩長盟約の出発点となる）。この日京都を発ち福井へ。 9月27日 松平春嶽に面会。 10月3日 京都着。
一八六六	慶応二	三七	1月21日 京都発。 1月22日 薩長盟約成立。 2月1日 鹿児島着。 2月21日 鹿児島発。 3月初 京都着。この頃、おゆうと京都の借家で生活を始める。 4月14日 大坂城で老中板倉勝静に長州征討に反対を主張。 9月27日 近衛家に、家臣同様に出入することが許される。 10月6日 近衛忠房に慶喜の

一八六七	慶応三	三八	将軍宣下を延期するよう建言。4月12日　久光入京。まもなく慶喜から将軍職を剝奪すべきと建言。6月22日　利通、西郷、家老小松帯刀の在京薩摩藩首脳が土佐藩の後藤象二郎、坂本龍馬らと会談し、薩土盟約が結ばれる（将軍職廃止、新政府の樹立を内容とする）。8月14日　長州藩柏村数馬と利通、西郷、小松が面会、武力を背景として新政府を樹立する政変計画を打ち明ける。9月17日　山口で長州藩主父子はじめ藩首脳部と面会、武力政変計画について相談。9月19日　薩長出兵協定が結ばれる。10月14日　正親町三条実愛から秘物（討幕密勅）を受け取る。10月17日　京都発。10月26日　鹿児島着。藩主に面会。11月10日　鹿児島発。11月12日　高知で山内容堂に面会、上京を要請。11月15日　着京。11月24日　岩倉具視が利通宅に来て、草稿（王政復古に関するものか）を示す。11月27日　京都越前藩邸で松平春嶽と面会、後藤象二郎も同席、新政府創設について議論。12月6日　利通宅で西郷、岩倉具視らと相談、王政復古政変の決行を九日と決定。12月9日　王政復古政変。夜の新政府最初の会議（小御所会議）で、慶喜を新政府に参加させよとの、山内容堂と松平春嶽の主張に強硬に反対する。12月12日　西郷とともに新政府の参与に命ぜられる。
一八六八	明治元	三九	1月3日　岩倉具視に旧幕府勢力との決戦を決断することを迫る。1月23日　政府会議で大坂遷都論を主張。4月9日　大坂東本願寺別院で天皇に初めて謁す。閏4月21日　従四位に叙せられるが辞退。6月21日　江戸着。9月13日　京都着、利通の発言で東京行幸の出発を二十日と決定する。9月18日　木戸孝允と版籍奉還について語る。9月27日　東京着。12月8日　天皇の京都還幸に供奉して東京を出発。12月22日　京都着。
一八六九	明治二	四〇	2月11日　大坂発。2月13日　勅使柳原前光と鹿児島着。3月15日　着京。4月4日　伊勢神宮参詣。4月24日　東京着。5月13日　官吏公選が行わ

			れ、利通は輔相三条実美とともに四九票の最多得票で、あらためて参与に就任する。 5月22日 従四位に叙任される。 6月26日 京都から家族着。 7月23日 参議に就任。 9月26日 復古功臣に対する賞典が行われ、利通は従三位に叙せられ、禄一八〇〇石を下賜される。位階・禄ともに返上を願い出るが、禄半分の返上のみ許可となる。 12月3日 久光と西郷を政府に召すために、利通が鹿児島に行くことが決まる。 12月18日 木戸孝允とともに横浜発。
一八七〇	明治三	四一	1月15日 山口藩知事毛利元徳に面会。 1月19日 鹿児島着。 2月24日 鹿児島藩の藩政改革や政府の方針について、久光と会談し激論となる。この夜「酩酊」する。 3月12日 東京着。 7月29日 民部・大蔵両省の分離を、三条、岩倉に切論。 10月10日 政府大改革の意見書を作る。 10月14日 木戸の同意を得る。 11月29日 帰藩のため木戸とともに横浜発。 12月18日 勅使岩倉具視と鹿児島着。 12月22日 西郷隆盛、上京を承諾する。
一八七一	明治四	四二	1月2日 長男と次男を連れ鹿児島発。 1月19日 利通、西郷、木戸が板垣退助等高知藩首脳に大改革について説明。 2月2日 東京着。 5月11日 山口着。 5月27日 東京着。 6月25日 参議全員が辞職。そのうえで木戸と西郷が参議に就任。 6月27日 大蔵卿に就任。 7月12日 「大英断（廃藩置県）」に同意する。 7月15日 宮内省への転任を嘆願。 9月16日 洋行について岩倉と西郷の了解を得る。 9月21日 横浜から川崎まで、初めて汽車に乗る。「愉快」「国を起こす」ために必要と、日記に記す。 11月12日 岩倉遣外使節の副使として横浜出港、長男と次男がアメリカ留学のため同行。 12月6日 サンフランシスコ着。
一八七二	明治五	四三	1月21日 ワシントン着。 2月12日 委任状を得るため帰国の途につく。 3月24日 横浜着。 5月17日 横浜出港。 6月17日 ワシントン着。 7月14日 ロンドン着。 8月27日 イギリス国内旅行に出発、リバプール、マンチェ

			スター、グラスゴー、エジンバラ、ニューカッスル、バーミンガムなどを視察。 11月16日　パリ着。
一八七三	明治六	四四	3月9日　ベルリン着。　3月15日　ビスマルクの招宴に出席。　4月13日　マルセーユ出港、帰国の途につく。　5月26日　横浜着。　8月18日　暑中休暇をとり富士登山そして近畿地方を旅行する。　9月21日　東京着。　9月26日　三条、岩倉から参議への就任を要請されるが辞退。　10月10日　参議就任を受諾する。このころ遺書を記す。　10月15日　閣議で、西郷隆盛の朝鮮派遣に反対する。　10月17日　辞表提出。　10月24日　天皇の裁断で、西郷派遣が無期延期となる。西郷が辞表提出。　11月29日　内務卿に就任。
一八七四	明治七	四五	1月10日　内務省の事務が開始される。　2月7日　九州出張を請願。　2月10日「臨機処分」権の委任（実質的全権委任）を受ける。　2月14日　横浜出港。　2月23日　嘉彰親王が征討総督に任命される。利通の「臨機処分」の権限より、上位の権限を持つ。　3月1日　利通、佐賀城に入る。　3月14日　嘉彰親王、佐賀に入る。　4月7日　江藤新平、佐賀に護送され、尋問が始まる。 4月13日　江藤に断刑罪文が言い渡される。利通が傍聴し「江藤醜体笑止ナリ」と日記に記す。「笑止」は鹿児島では「恥ずかしい」の意味で用いる。　4月24日　東京着。　4月29日　横浜出港。　5月3日　長崎着。台湾出兵に関して西郷従道と会談。　5月15日　東京着。　5月25日　左大臣島津久光の建白書により辞表を提出。　7月8日　閣議で、やむを得ない場合は清国と戦争を決議。 8月1日　全権大使として清国派遣を命ぜられる。　8月16日　長崎出港。　9月10日　北京着。　10月5日　談判不調、清国に帰国を通告。　10月7日　日記に「進退ここに谷り」と記す。　10月11日　駐清英国公使が調停に乗り出す。 10月31日　条約書に調印。　11月1日　北京発。　11月16日　厦門から台湾に渡る。　11月22日　長崎着。　11月26日　横浜着、市民熱狂的に迎える。　12月9

			日　鹿児島から夫人ますと子供四人（彦之進、伸熊、三熊、雄熊）が東京着。彦之進と伸熊はこの年九月米国から帰国し、鹿児島の母のもとに帰っていた。　12月13日　佐賀の乱と北京出張の勲労を賞して、御手許金一万円下賜される。
一八七五	明治八	四六	1月8日　大阪三橋楼で木戸と会談、政府へ復帰を要請。　2月5日　五代友厚、税所篤と金剛山で遊猟、千早城址、楠公誕生地等を歩く。　2月11日　大阪花外楼で木戸、板垣と協力関係について意見を交換、合意となる。　2月18日東京着。　7月3日　内務省出火、記録類消失、取り片づけで徹夜。　10月20日久光、三条太政大臣の免職を要求する建白書を提出。利通は岩倉具視に「我一人を以て、国家を維持する」くらいの気持ちで、難事に立ち向かうようにと手紙を送る。　11月6日　妹石原きち、石原みねが鹿児島から上京。　11月9日　ストーブを購入。　11月28日　永田町の宮内省御用邸に転居、自宅改築のため。
一八七六	明治九	四七	1月15日新邸落成、引っ越す。　4月4日　天皇、岩倉具視邸に行幸、能の催しあり、利通ら陪従。　4月19日　天皇、利通邸に行幸。「子々孫々に至り、天恩忘却す可らざるなり」と日記に記す。　5月23日　東北巡幸の先発として出発。6月5日　福島県郡山の桑野村開拓地（後、安積野開拓の拠点となる）を巡視。7月14日　函館着。　7月17日　函館発航。　7月19日　横浜着。　10月27日前原一誠の蜂起（萩の乱）を予告する電報を伊藤博文に示す。　12月26日　伊藤博文に行政改革の必要を力説する。　12月27日　地租軽減断行の意見書を三条太政大臣に提出。
一八七七	明治十	四八	2月7日　西郷隆盛は無名の挙に出る人間でなく、自分は信用していると伊藤博文に伝える。　2月12日　鹿児島の「破裂」は相違なしとしながら、征討令の発令は名義十分とはいえないと岩倉具視に伝える。　2月16日　京都着。臨時閣議（天皇行幸中）で鹿児島出張を希望するが許可されず。　4月10日　大蔵卿大隈重信に熊本県下罹災者のため百五十万円の救助金支出を求める。　8月2日　東

一八七八	明治十一	四九	京着。8月21日 第一回内国勧業博覧会開会式で祝辞を述べる。9月24日 午後一時半過ぎ、西郷隆盛らを「打ち取る」との電報受信。11月2日 文武官の論功行賞があり、利通は勲一等、旭日大綬章を受ける。12月24日 正三位に陞叙、勲章に年金七百四十円付与される。 1月24日 天皇臨幸の駒場農学校（東京大学農学部の前身）開校式で、祝辞を述べる。2月16日 賞典禄五千四二三円を駒場農学校に寄付し、生徒の奨学金にあてる。3月7日 安積疎水事業の着手を建議。5月14日 早朝来訪した福島県令山吉盛典に抱負「済世遺言」を述べる。赤坂仮御所の閣議に出る途中、石川県士族島田一郎らにより襲撃され没す（満四十七歳九ヵ月）。特旨をもって右大臣正二位が追贈され、金計七千円の祭祀料が下賜された。5月17日 青山墓地に葬る。葬礼の事務はすべて宮内省で取り扱い、会葬者は大礼服を着用、儀杖兵が参列す。後の国葬の例となる。忠僕中村太郎は利通の墓側に、愛馬は墓後に埋葬された。

〔む〕

〔も〕

〔や〕

〔ゆ〕

〔よ〕

〔ら〕

〔り〕

人名索引

佐々木 克（ささき　すぐる）

1940年，秋田県生まれ。立教大学大学院文学研究科博士課程修了。京都大学名誉教授。幕末・明治維新史専攻。著書に『戊辰戦争』『日本近代の出発』『大久保利通と明治維新』『志士と官僚』（学術文庫）『江戸が東京になった日』『幕末政治と薩摩藩』『それぞれの明治維新』（編著）などがある。

大《おお》久《く》保《ぼ》利《とし》通《みち》

佐《さ》々《さ》木《き》 克《すぐる》 監修

講談社学術文庫

定価はカバーに表示してあります。

2004年11月10日　第1刷発行
2004年12月9日　第3刷発行

発行者　野間佐和子
発行所　株式会社講談社
東京都文京区音羽2-12-21　〒112-8001
電話　編集部（03）5395-3512
販売部（03）5395-5817
業務部（03）5395-3615

装　幀　蟹江征治
印　刷　株式会社廣済堂
製　本　株式会社国宝社

ISBN4-06-159683-7

「講談社学術文庫」の刊行に当たって

これは、学術をポケットに入れることをモットーとして生まれた文庫である。学術は少年の心を養い、成年の心を満たす。その学術がポケットにはいる形で、万人のものになることは、生涯教育をうたう現代の理想である。

こうした考え方は、学術を巨大な城のように見る世間の常識に反するかもしれない。また、一部の人たちからは、学術の権威をおとすものと非難されるかもしれない。しかし、それはいずれも学術の新しい在り方を解しないものといわざるをえない。

学術は、まず魔術への挑戦から始まった。やがて、いわゆる常識をつぎつぎに改めていった。学術の権威は、幾百年、幾千年にわたる、苦しい戦いの成果である。こうしてきずきあげられた城が、一見して近づきがたいものにうつるのは、そのためである。しかし、学術の権威を、その形の上だけで判断してはならない。その生成のあとをかえりみれば、その根は常に人々の生活の中にあった。学術が大きな力たりうるのはそのためであって、生活をはなれた学術は、どこにもない。

開かれた社会といわれる現代にとって、これはまったく自明である。生活と学術との間に、もし距離があるとすれば、何をおいてもこれを埋めねばならない。もしこの距離が形の上の迷信からきているとすれば、その迷信をうち破らねばならぬ。

学術文庫は、内外の迷信を打破し、学術のために新しい天地をひらく意図をもって生まれた。文庫という小さい形と、学術という壮大な城とが、完全に両立するためには、なおいくらかの時を必要とするであろう。しかし、学術をポケットにした社会が、人間の生活にとってより豊かな社会であることは、たしかである。そうした社会の実現のために、文庫の世界に新しいジャンルを加えることができれば幸いである。

一九七六年六月　　　　野間省一